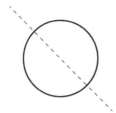

大夏书系·全国中小学班主任培训用书

吴小霞 著

班主任微创意

59招

让班级管理脑洞大开

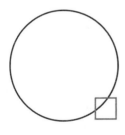

华东师范大学出版社

全国百佳图书出版单位

图书在版编目（CIP）数据

班主任微创意：59 招让班级管理脑洞大开 / 吴小霞著 .—上海：华东师范大学出版社，2018

ISBN 978-7-5675-7393-2

Ⅰ.①班 ... Ⅱ.①吴 ... Ⅲ.①班级—学校管理 ②班主任工作 Ⅳ.① G424.21 ② G451.6

中国版本图书馆 CIP 数据核字（2018）第 006634 号

大夏书系·全国中小学班主任培训用书

班主任微创意

——59 招让班级管理脑洞大开

著　　者	吴小霞	
策划编辑	项恩炜	
审读编辑	万丽丽	
封面设计	奇文云海·设计顾问	

出版发行　华东师范大学出版社
社　　址　上海市中山北路 3663 号　邮编　200062
网　　址　www.ecnupress.com.cn
电　　话　021-60821666　行政传真　021-62572105
客服电话　021-62865537
邮购电话　021-62869887　地址　上海市中山北路 3663 号华东师范大学校内先锋路口
网　　店　http：//hdsdcbs.tmall.com/

印 刷 者　北京季蜂印刷有限公司
开　　本　700×1000　16 开
插　　页　1
印　　张　16.5
字　　数　252 千字
版　　次　2018 年 4 月第一版
印　　次　2021 年 3 月第二十次
印　　数　96 101 - 102 100
书　　号　ISBN 978-7-5675-7393-2/G·10887
定　　价　39.80 元

出 版 人　王　焰

（如发现本版图书有印订质量问题，请寄回本社市场部调换或电话 021-62865537 联系）

序一　创新成为班主任迫切的需求

张万祥

依常规就能做好班主任工作的时代，已经过去了！

我在国培学员中做的一项调查显示：现在老师们最迫切的需求不再是以前的"带好一个班级需要做哪些工作"，而是"如何创造性地开展工作，以适应不断发展变化的新情况"，需求人数占79.8%！其次才是特殊学生的教育，占72.6%。一些老师私下里也跟我说："依靠一些常规的手段、建章立制就能够做好工作的时代已经一去不复返了。"话语里透露出淡淡的忧伤，也流露出些许无奈。

是什么原因造成班主任工作越来越难做了呢？

首先是我们的做法满足不了学生的期待。现在的班主任很熟悉一些名班主任的做法，而他们带班的那一套，经过从小学到高中历任班主任的反复使用，孩子们已经没有期待了。

可以这么说，现在的班主任很喜欢学习。尽管大学里并没有开设专门的班主任课程，但是一线教师在实践中创造出来的智慧，已经领先于大学理论课程的引导。他们广泛学习前辈的先进经验，不断地在班级工作中实践，如建立班规、干部值日、民主议事、自选座位……这些在大学里都还没有被系统研究过的东西，在孩子们看来，都已经是司空见惯的管理手段了。事实告诫我们班主任——如果不动点脑筋，很难激发孩子们参与班级事务、参与学习活动的积极性。所以，简单的照搬照抄，机械的复制，已经很难激发学生的管理热情。

其次是孩子们层出不穷的新情况，越来越让班主任感到黔驴技穷。尤其是面对那些被父母惯坏了的孩子（自以为有道理的家长，对孩子一味地放纵和娇养），弄得我们班主任束手无策。而政策却要求我们使劲地使用说服和思想教育的手段去应对，很多问题变得越来越棘手。如网瘾问题、手机问题、离异家庭孩子认知问题、学生家庭流动问题……无论哪个问题，都是一个崭新的课题，都是以前班主任不需要面对，而现在不得不迫切需要解决的问题。面对这些新情况、新问题，常规手段显得那么软弱无力。

可以说，现在班主任遇到的新情况、新问题，比过去任何一个年代的班主任遇到的问题总和还多。但是我们的工作性质、敬业精神、炽热的教育情怀和职业责任感，都迫使我们不断思考一个问题——到底该如何突围？

在这种追问之中，中国自主教育团队课题组的骨干班主任，曾登上《班主任之友》封面人物的80后青年教师吴小霞，用她富有实践性的一系列行动——做一个创意班主任，作了卓有成效的探索性研究。她的处女作《班主任微创意——59招让班级管理脑洞大开》，虽然是首秀，却带给我眼前一亮的新感觉：

如何传承班级文化？她让前后两个不同时间段的班级学生重逢，在交流中完成对班级精神的传递。

如何消除学生对惩罚的抵触？她带学生表演走猫步，在时装表演的情趣横生之中，唤醒学生对错误言行的认识。

如何让学生开学不欠交假期作业？给孩子们举办一个中国逐梦作业大联展，"老赖们"自己都不好意思不写作业，因为摆在那儿丑啊！

如何组建班干部队伍？来一场人才招聘会，既接地气，又富有社会实践性，用实用的观念组建班干部队伍，对孩子们来说既刺激又很有未来职业体验。

如何教会孩子自我教育、自我管理？管好自己就能够飞。用飞一般的感觉，激发孩子们不断挑战自我。

……

我敢肯定，看了这些案例之后，您会产生与我一样的感觉：不是我们的工作不能走出困境，而是有很多创意的方法我们没有尝试。

网上有这么一个段子，是描述语文老师有智慧的。有一个人很缺德，淘宝用户名是"我爹"。每次快递员送货的时候，都很为难："你是……我爹吗？""你是我爹吧，快来取快递。"数次之后，快递员郁闷死了，不能老这样被欺负啊！于是，快递员找到自己的语文老师，老师说，这样吧，以后每次送快递，你都这样："你叫我爹，对吧？""你是不是叫我爹？""你要是叫我爹，我就把快递给你送过来。"称呼没有变，换一个说法，停顿处不同，马上反败为胜。

这个故事让我们在轻松幽默的同时，思考一个问题：很多时候，我们只需要换个角度，想一点创意，哪怕是微小的变化，就能够给自己的工作带来改变。相信班主任朋友们也能够从吴小霞老师的这本书里感受到创新的惊喜。因为我知道，中国自主教育团队，是一个用做法说话的团队，吴小霞老师长期在这个团队里学习，她的做法，就是中国自主教育团队的一个缩影。实用，创意，将带给你飞一般的感觉。

是为序。

序二　把创意进行到底

吴小霞

我自诩是一个不喜欢把生活过得苍白的人，脑子里总是有许多稀奇古怪的想法，家里人总戏谑地说：真是个看书看傻了的疯子。学生总爱说：真奇怪，我们吴老师脑子里怎么有那么多奇思妙想？我莞尔一笑，扬起眉毛，调皮打趣地说：小点子而已，微创意罢了。

那么，班主任的"微创意"，我是如何理解的呢？

一、创意源自教师超越自我、不断突围的勇气

我当过初中班主任、高中班主任，做过实验班班主任，也担任过潜力班班主任，更是领略过"差班"班主任的酸甜苦辣。同时也做过年级组长、教研组长、备课组长，我曾为每天烦琐枯燥的工作而怨天尤人，为学生层出不穷的问题而不知所措。

然而，抱怨也好，无奈也罢，都不能解决问题，抱怨者只会被痛苦湮灭，改变者才能创造新生。唯有不断地改变，不断地突围，不断地创新，不断地改进，才能适应时代的发展以及学生的变化。

于是，我把每一次的创意都当作一次自我超越之旅，把烦琐的事情做出情怀，把细微的事情做出深度，把平凡的事情做出别致，这样常规就变得精致，琐碎就变成精细，平凡就变成了精彩。我也在一次次的创意中，实现了心灵的放飞、自我的突破、职业的幸福和专业的成长。

二、创意是营造快乐的磁场，升华班级文化底蕴

经营班级极重要的一点，就是营造一个轻松快乐的"磁场"。而营造这个"磁场"就可以靠"创意活动"的开展、累积与熏陶。

以"青春交往"为例，我们可以：

在化学实验中感悟——"保持最初的心，不要轻易尝试爱"；

在班级辩论中明晰——"此时恋爱为时过早"；

在"男神女神评选"中懂得——"不断修炼自己的灵魂是人生必修课"；

在"男生女生向前冲课程"中学会"如何和异性交往"；

在"经典阅读"中深化对"真正的爱情是什么"的认识；

在"我和梦想谈恋爱"中实现人生梦想的升华！

把一个个教育契机包装成创意活动之后，孩子们就有机会获得高峰体验。班级的文化底蕴也会在创意中氤氲生发！

三、创意能不断翻新激情，创造诗意幸福人生

人都有喜新厌旧的心理，都会有懈怠疲倦的时候，审美疲劳是每个行业都需要克服的问题，那么我们唯一能做的就是制造创意，不断地提出新的创意！从细处入手，创新开展，扎实推进。

我喜欢设计活动，喜欢看到孩子们在活动中生龙活虎的状态；喜欢看到孩子们在活动后眷恋学校的模样。如此，爱上每一个日子的时光，不正是诗意生活的真实写照吗？

当一个人能发现平凡的生活有风景，单调的日子有诗意，他的人生何所畏惧？不论生命起伏、坎坷、反复，一如既往中总有惊喜；不必害怕时光的兵荒马乱，成长旅途中自有快乐；不必担心风雨雷电，心灵花园中必有浪漫！

这样的教育才是精神的唤醒，潜能的显发，智慧的传播，幸福的营造，灵魂的引领，心灵的感召！

四、创意能挖掘每个个体的潜能

创意能让我们的教育生活由高耗走向高效，由被动走向主动，由控制走向自主。而做创意的目的是培养学生的创新意识和创新精神，最后使其成为创新型人才。

一个好点子，我们不能仅仅停留在活动的新颖上，因为那永远都是外围战，而要真正能够挖掘学生潜能，要把静态的创意做成动态的过程。静态的创意仅仅是一个创新的意念、巧妙的构思，而动态的过程就是创意的思维，一个逻辑思考的过程，一个静态构思延续到动态生成的过程！

因此，创意不仅是一个思维过程，更是一个实践过程。在创意活动中，引领学生对创意的理解，做学生创新潜能的挖掘者、创新品格的锤炼者、创新思维的启迪者、创新人才的培养者，我们责无旁贷！

跋涉的路上，永远没有止境，永远没有完美，将创意进行到底吧，你准备好了吗?

目　录

第一辑　开学打造微创意：每一个开学都为之芬芳

第二辑　活动开展微创意：活动还可以别具匠心

第三辑　常规习惯微创意：常规也能变得饶有兴趣

第四辑　家校沟通微创意：家校合作变成魅力期待

第五辑　早恋处理微创意：我被青春撞了一下腰

第六辑　干部培养微创意：给班干部一个华丽的转身

第七辑　心态调整微创意：解解情绪方程式

第八辑　学习动力微创意：发现强大的自我

第九辑　自我管理微创意：管好自己就能飞

第十辑　应考技巧微创意：万事俱备，不欠东风

第一辑

开学打造微创意：每一个开学都为之芬芳

俗话说，良好的开端等于成功的一半。

那么，如何营造好开学第一课？如何做好第一次见面？如何借开学的机会实现新班级的迅速融合呢？

1 大礼包派送

——创意见面构建美好前景

要开学了，家长和孩子都对未来的生活充满期待，对我这个班主任也充满好奇。在这样的期待与好奇中，我该如何经营好开学第一课呢？

一、棒棒糖——酝酿美好祝福

给家长们以美好期待，让学生感觉温暖，这是新学期首次见面的第一要领。

报名准备就绪后，孩子和家长们坐在教室里翘首以盼。我没有急着介绍自己，而是微笑着说："孩子们，今天是我们第一次见面，能在一起是缘分，走在一起是温暖，相信这三年会成为我们共同的美丽旅程。今天老师给大家准备了见面礼。"一听有见面礼，孩子们嗖地伸长脖子，满是好奇。

"哎呀，老师，你还给我们准备礼物呀！"一个孩子开始嚷嚷。

"应该的，第一次见面，总得表示表示呀！"我抿嘴一笑，"孩子们，我送的是棒棒糖，意思是祝福大家身体棒，学习棒，人品棒！"话音刚落，热烈的掌声就响起来了。

"当然，要想身体棒，你们这三年就需要'管住嘴'和'迈开腿'。'管住嘴'就是注意自己的饮食，少吃零食，多吃饭，这三年是你们长身体最重要的时期；而'迈开腿'，是希望大家坚持锻炼，身体棒棒，吃嘛嘛香！"孩子们听完"嘿嘿"地笑起来。

我顿了顿，继续说："孩子们，初中生活和小学生活不一样，需要从一开始就养成认真预习、认真上课、认真做作业、认真复习的好习惯，并持之以恒，这样才能让学习会当凌绝顶。"孩子们怔怔地看着我。

"当然最重要的是人品棒，表现在哪些方面呢？首先是心地善良，其次是管住嘴巴，最后是端正行为。所以希望这三年大家从自己做起，做到身体棒，学习棒，人品棒！"教室里又是一阵热烈的掌声。

接着，大家兴高采烈地来领棒棒糖，有的已经迫不及待地开始品尝起来，仿佛在品尝甜蜜的初中生活！

二、签字笔——赋予深刻内涵

礼物不仅仅可以传递温暖，还可以调动孩子的情绪，激发孩子的斗志。

当孩子们都热切期待我的下一个礼物时，我故弄玄虚地问大家："想知道老师的第二件礼物是什么吗？"孩子们异口同声地说："想。"

我微笑着，拿出准备好的签字笔，在孩子们面前晃动着："孩子们，我们的初中生活即将开始，这是我们人生的又一新篇章！我们一辈子能有几次初中呀？"

"一次！"

"对呀，这仅有的一次初中生活值得我们每一个人好好珍惜。也许你小学时是班上的佼佼者，但老师告诉你，成绩属于历史，一切重新开始；也有同学说，我以前在班上很调皮，表现不佳，老师也要告诉你，表现属于过去，一切重新开始；还有同学说，我以前在班上怎么怎么样，老师还是要告诉你，过去的都不重要，重要的是现在如何书写自己的新篇章。愿意重新书写自己新的人生的同学请主动上来领取老师的这份见面礼吧！"

孩子们蜂拥而至，在我的左右两边站成两列。我拿着签字笔，左一个右一个地把笔赠给孩子："恭喜你升上了初中，新的风景在等着你！"有一个孩子恭恭敬敬地接过笔，甜甜地说声："谢谢老师！"然后，深深地鞠了一躬。

多有教养的孩子啊！我趁热打铁，大声说道："多有礼貌的孩子呀！相信你的初中生活会更精彩！"后面的孩子仿佛受到了鼓励，也变得更加有礼貌了。

"要不，孩子们，你们先报上自己的名字，让大家彼此都认识一下，好吗？"我突发奇想地询问道。

"好，我先介绍。"一个胖胖的女生拍着手抢着说，"我叫李明遥，谢谢老师的礼物！"

"欢迎明遥！明遥努力哦！"说着，我送上了这份特殊的礼物。

这一瞬间，礼物不仅是老师对学生的情义，更是师生对未来的美好期待。这情义、这期待，在开学第一天就埋下了种子，我能感觉到孩子内心与我已经悄悄融合……

三、心灵之声——传递灵魂熨帖

笔送完了。有胆大的孩子嚷起来："老师，还有礼物吗？"

"有，是老师的肺腑之言！"有的话需要在开学第一天就要说。

"孩子们，看着你们对初中生活充满了憧憬，老师也想做个承诺，这三年我会用心来陪伴你们。"我顿了顿，转过身去，在黑板上重重地写上了"做心灵需要的教育"几个字。有的孩子跟着我的书写，轻轻念出声来。

"对，做心灵需要的教育！"我有意强调一遍，郑重其事地说，"孩子们，记得在7月份的时候，我遇到一位参观校园的孩子，她对我说：'老师，我希望中学的老师不要太凶，作业不要太多！'我好奇地问那个孩子：'你为什么告诉我你的想法呀？'那个孩子毫不犹豫地说：'因为你看起来很亲切，值得我信任！'当我听到'值得信任'几个字的时候，我心柔软得都快化了。从今年起，我希望做心灵需要的教育，就是让每个人觉得温暖的教育。我们每一个人，都有自己的一方天地！老师会尽量做到给你们内心需要的爱！"孩子们目不转睛地看着我，教室里很安静。

"当然，我们在这三年中，不可能全是快乐，也不可能全是痛苦。冰心说：生命中不是永远快乐，也不是永远痛苦，快乐和痛苦是相生相成的。"孩子们用手撑着脑袋，仿佛若有所思。

我顿了顿，然后说："同样的道理，做心灵需要的教育需要尊重，需要宽容，需要站在别人的角度思考，我也希望大家能从别人的需要出发，让咱们班级多一份温暖，相信初中三年能够成为我们难忘而美好的记忆！"教室里又响起雷鸣般的掌声！而此时孩子们的脸上充满期待……

2 "倒金字塔"认识法

——创意相识促进团队熟悉

起始班级，学生来自各地，互相不认识。如何帮助孩子们尽快地互相认识呢？要认识，起码得叫得上名字。我决定请孩子们先从记住别人的姓名开始。"倒金字塔"认识法（由少到多、逐步扩大，加深认识的方法），就是实现快速相识的好方法。

一、数字分组——实现认识

刚进班时，孩子们喜欢挨着熟悉的伙伴坐。怎样让孩子迅速和陌生同学认识呢？

我拿着一叠彩纸，把班上54个人，分成9组，每组6人。接着我把1到6的数字各写了9张，告诉孩子们："请大家随意抽签，看自己和哪些同学抽到相同的数字！"

孩子们兴致勃勃地开始抽签，又迫不及待地打开纸条。

"哇，我抽到的是1！"

"我的是4！"

"我的是9！"

"下面请抽到相同数字的同学合成一组。"我继续引导着。孩子们欢呼雀跃地吆喝着找相同的数字，好不热闹！

等大家都找到归宿后，我继续说："孩子们，下面我们按照自己的方式介绍自己，其他同学边听边记住本组同学的名字。最后，我们小组间进行比赛，每个同学重复本组成员的名字，看哪一组用时最少。"

有了竞争，孩子们热火朝天地问着、说着、记着。

二、颜色分组——推进互动

接着，为了激发孩子认识更多的同学，并形成互动，我决定重新分组！

"孩子们，我们按照相同颜色的卡纸重新组合小组！这一次小组人数会比上一次多一些。因为我们只有5种颜色。小组也由9个变成5个了。"

"红色的集合！"孩子们马上忙碌起来。

"我是蓝色，谁是蓝色？"

"绿色的过来，到这儿来好吗？"

大家拿着彩色卡纸到处飞奔，都急切地想找到自己的同伴。

因为人数更多，孩子们记得更加认真。大家绞尽脑汁，想出各种办法，为的是迅速记住本组成员的名字。

三、学号分组——增强实记

然后，我再次分组，每组人数更多了。

我把一沓分别写有数字1至54的彩纸分发给学生，每人一张。然后请拿到数字1—27的同学为一组，拿到数字28—54的为第二组。

孩子们进入大组后，更是兴奋，互相说着自己的名字。在这个过程中，我故意问一个孩子："杨弘，你能说出本组同学的名字吗？"

"老师，我不但能说出本组同学的名字，加上前面认识的合起来还不少呢！"杨弘自豪地站起来，开始报班级同学的名字，一口气说出了36个同学的名字，引得身边的同学"哇哇"称叹。我微笑着说："孩子们，你们能认识这么多吗？"有的孩子头摇得像拨浪鼓。

"要不，再给大家两分钟的时间，继续认识？"我提议。孩子们一阵欢呼，大家越发投入地记着同学的名字……

孩子们已经没有了羞涩，没有了腼腆，他们大方地互相介绍着。短短一堂课，有的孩子就已经能够记住全班同学的名字。教室里，已经完全没有起初的陌生感，班级的凝聚力在悄然增加。

四、照照合影——汇聚一堂

同学们互相认识完以后，我提议："今天是开学的第一天，为了纪念这个特殊的日子，我建议我们去照一张全家福，等毕业的时候，再来回望我们今天的起航，会多美好呀！"孩子们灿烂地笑着，一脸憧憬的样子。"家长也一起照哟！"我补充道。

等大家兴致勃勃地往外走时，天公不作美，淅淅沥沥下起雨来。

不照未免会留下遗憾。有孩子说："老师，咱们就在底楼平地上照吧！"众人同意，于是又雀跃地来到底楼平地。照相前整理队伍时才发现，有同学无法露出脸来，孩子们出主意："老师，一排坐，二排深蹲，三排浅蹲，后面站着，家长就站最后面。"

"嗯，这主意好！"孩子们笑逐颜开地调整着，一个戴着帽子的家长说："老师，这儿光线不好，我们需要换个方位！"高个家长大手一挥，开始指挥："这位同学这样走，那位同学站这儿！"队伍又动了起来。

外面虽然烟雨蒙蒙，但是我们的心里却是阳光明媚。我搂着孩子们，"咔嚓咔嚓"，一切都定格在开学温暖的氤氲中。

五、微距离旅游——融为一体

一个人天马行空，两个人结伴而行，一群人一路高歌。带着孩子们来一次短距离的旅游——游览校园，不仅实现精神放松，而且让孩子们融为一体。

整队集合，大家分成两路纵队，浩浩荡荡如长蛇一般的队伍，开始在校园里走着。首先我们游览的是校园多功能教室，图书室、音乐室、美术室、微机室，我边走边介绍。游览美术室的时候，遇见了我们班的美术老师，我顺势介绍："孩子们，这是你们的美术老师，老师的很多画都得了大奖哟！"

"哇！"孩子们蜂拥至教室门口，都想一睹美术老师的风采。美术老师也微笑着向大家致意。

接着游览行政楼、德育处、教导处、财务室、党政办公室。边游览我边介绍道："以后我们很多手续需要到这些部门来办。"

接着，我指着医务室说："如果生病了，记得来医务室，一楼的最左边这间！"

走到食堂餐厅的时候，孩子们争着说："老师，不需要介绍了，这儿我们早就知道了！"走到小卖部，我也打趣地说："孩子们，这儿也不用介绍了是吧！"顿时一阵哄堂大笑。

走到垃圾站，我执意带孩子们走得近一点，说："孩子们，以后的垃圾就倒在这儿，有的同学为了方便，不把垃圾倒到坑里。今天老师专门带着大家熟悉一下！"

最后，我带着孩子们观察了"禁区"，我边走边说："孩子们，为了安全起见，这个界限以外是不能活动的！"

"池塘边不能来！"

"家属区不能来！"

"这儿的宿舍平时不能去！"我一一介绍着，在欢声笑语中完成了我们的首次校园之旅。

随着循序渐进的相识，随着互相交流的深入，随着集体行动的融入，一个班级的互信系统已经慢慢构建起来，也为后面共同建设班级文化奠定了基础。

3 扑克回家记

——创意游戏让班级快速融合

孩子们记住同学的名字只是开始，如何让孩子们真正地交流起来，并且实现较为深入的交流，找到逐渐融合的感觉呢？

在第一次班级活动中，我大胆地设计了一个"扑克回家"的游戏。试图通过这种方式促进孩子们的交流。

一、分组分牌，激发渴望

我把班级 54 个同学分成 9 个组，力求每个组男女混搭。

同时，我把准备好的 9 副扑克牌放在桌上。

孩子们不知道我要干什么，眼睛直直地盯着扑克牌，满是好奇。小小的扑克牌，在孩子眼里已经成了神秘的图腾。

"请每组派一名代表上来洗牌，好吗？"

我把 9 副扑克牌全部打乱放在讲台上，然后请各组代表往每盒里面装入打乱的 54 张牌。

准备就绪了！

二、交代规则，强调公平

接下来，我示意孩子们安静下来，交代了本次游戏的规则："这个游戏是大家齐心协力找扑克，我们以小组为单位进行比赛，以恢复原配的 54 张扑克牌为准。注意，要找齐原配花色。哪个组最先完成就算获胜。"我一边比画一边介绍。

孩子们似懂非懂地点着头。其实，此时我并没有交代具体做法，目的就是给孩子们留下讨论空间。因为规则越模糊，孩子们自主发挥的空间就越大，他们之间的交流也就越充分。

其实，有的组已经迫不及待拿出了扑克准备比赛。我轻声说："孩子们，比赛还是有规则的，何时开启，我们以哨声为准！"孩子们一听，立刻停止了手上的动作，个个严阵以待。

三、激烈角逐，积极投入

哨声响起！教室里顿时一阵欢呼声，大家都兴奋而快速地翻着扑克牌。

为达到共同目标，有的组已经有孩子主动承担起队长的责任，语言果断而准确，一眼就能看出这是个有组织管理才能的孩子。每个组都在紧张地找牌、集牌，密密麻麻的人群在教室里流动着，那一丝陌生感，顿时烟消云散。

"差一个红桃9，快找！"孩子们正忙着找红桃9。

"黑桃5哪个组有多的？"有的孩子焦急地喊着。

"谁愿意和我换？"有的孩子高举着手中的牌，在教室里穿梭。

大家为了找齐原配扑克，那可是绞尽脑汁，现场人头攒动，好不热闹！

挥汗如雨的孩子们，用奔跑的力量，冲淡了陌生感。步步惊喜，步步紧张，无数次路断墙阻，无数次柳暗花明，又无数次出现童话般的惊喜！

为了节约时间，有的孩子卖力地奔跑，有的孩子已经踩在桌子板凳上了，有的甚至开始野蛮地伸手去抢别人的牌；有的忧心忡忡，不停地摇头、叹气；有的不停地想办法，把自己组缺的牌大大地写在纸上，吸引别人注意；有的争得面红耳赤；有的已经怒火腾起，各不相让。在这紧张的环境下，人往往表现出自己最真实的一面。我观察着孩子们的表现，忍不住飞快地思考着！

四、思考延续，寻找契机

大家陆续完成了，只剩下个别组还在继续。我把各组结果和所用时间写在了黑板上。

游戏，仅仅是让孩子们彼此熟悉吗？当一切归于平静的时候，是不是应该给孩子带来更多的思考呢？游戏的目的是给大家一种体验，以提供思索的力量！

我首先公布了本次比赛的名次，听到比赛的结果，孩子们有的欢呼雀跃，有的垂头丧气。我趁势总结道："刚才的比赛，有的组快一些，有的组慢一些，你们应该有很多感受，能不能和大家分享一下？"

孩子们跃跃欲试。先是王云兴奋地站起来说："我们这一组得了第一，兴奋之情还萦绕在心间。我依然清楚地记得我们这一组找牌的过程，每个人都全力以赴。我分配任务，有的留下来驻守阵地，有的拿着牌边扯着嗓子喊边找，有的汗流浃背，不停地奔走，大家情绪都很高涨。如果不是因为我们团结的话，绝不能取得第一名。当然所有的语言都显得苍白，当大家一起在拥挤和躁动的人群里，找到一张缺了的牌时，获得的不仅仅是一张牌的快乐，更多的是享受你我同在、大家为共同的目标努力的过程呀！"这真是一个有管理才能的孩子，难怪他们小组会得第一名！

另外一个孩子站起来说："游戏其实很简单，也很复杂。对于今天的结果来说，我们是无所谓了。比上不足，比下有余吧！当然比名次更重要的是，我收获了启迪——只有明确了目标，才能找到方向，没有了目标就像失去了坐标。就像我们组，最先只是盲目行动，所以耽误了很多时间。"

接着，又有一个孩子谈道："其实，在游戏中，我们遇到很多问题，找不到牌时，努力了几次就放弃了。我觉得一个优秀的集体需要大家共同努力，互相鼓励才能建设好！同时，我看到有的同学用抢的方式找牌，我觉得，既然是一个集体，大家都应该懂得用规则去约束自己，如果我们不懂规则，能走多远呢？"我暗暗赞叹这个孩子的思想和见地，其实，有的话换成孩子来说更有说服力。

最后，一个男生说道："在找牌的过程中，我们组一开始就很焦急，到了后面，看到没有完成的组越来越少，我们就越找越快。通过这个游戏，我明白了团队合作的重要性，人多力量大！"

这次游戏，不仅消除了孩子之间的陌生感，更增强了班级凝聚力。这是一次情感的交织，观点的碰撞，心灵的启迪，一切美好将从这里淙淙流淌！

4 逐梦作业大展台

——创意检查让学生不欠作业

开学了，孩子们的作业没有完成，怎么办？让他们回家做好了再来吗？不现实！那么，怎样让孩子们顺利完成假期作业，高高兴兴地开学呢？

一、制作作业海报——宣传活动化

如何让孩子们重视作业检查？我想到了把宣传本身作为班级活动来推动。

征集班级作业海报设计者，设计各类海报，具体要突出以下内容：

本周五将在群里举行"作业大展台"活动，同学需以拍照形式把假期作业展示出来，后期将评出"最佳字迹奖""最佳自觉奖"等。

孩子们很认真，制作了各种风格的海报——或清新或浓烈，或粗犷或雅致……不同风格的海报在群里轮流呈现，孩子们已经开始在意这次活动了。

二、疏通反感情绪——认识提高化

有孩子问："如果所有作业都发在群里，那要发多久？"是呀，每页都发，既没效果，也浪费时间。于是我答道："我们可以把作业打造成作品，每一科都展示自己的代表作吧！"

有孩子问："可不可以不搞？有用吗？"面对还没有完成作业者的抗拒，我选择冷静回复："搞活动的目的，一是检查假期作业，二是提前收心。如果抗拒开学前的作业检查，那么以后谈什么拼搏呢！"

在这种问答式的聊天中，孩子们逐渐接受了这个活动。

三、出台评委规则——科学正规化

为了让同学们感受本次展示的公平性，我们设计了如下规则：

（1）组建了四个团队：一是家长评委团，二是学生评委团，三是幕后打分团，四是主持人团队。

（2）制定操作方式：

家长评委团：由刘宇航妈妈负责组织三位家长，请家长们给出评语。

学生评委团：主持人安排具体参加评价的同学自由评价。

幕后打分团：以每一科的课代表为代表，临时召集幕后学生，组成讨论组，进行打分；由课代表统计数据，然后汇总到电脑先锋陈芷涵那。

主持人团队：负责主持工作和进度把控；负责安排学生评委团成员评价；负责宣布是否过关。

（3）制定了评分标准：

作业按要求完成5分。

书写质量好2分。

作业正确率高3分。

特别优秀的酌情加分（分值最高5分）。

（4）制定了出示的顺序：

发照片；家长评委和学生评委自由评价；幕后评委打分；主持人宣布过关。

四、推行作业"三定"——过程优化

激动人心的时刻来临了。晚上8点不到，群里已经"疯狂"了：作业从四面八方蜂拥而至，还未来得及看清是谁的，其他作业已经接连在屏幕上一闪而过，局面完全无法控制。家长评委和学生评委根本没有办法评价作业。

怎么办？我想，既然我们要搞就要搞出效果，于是干脆来个"作业预备检查周"，并重新发布"三定"：

（1）定额：每天只查10人。（2）定时：每晚8点—9点，过期不候。（3）定人：班上同学轮流当评委，家长轮流当评委。

有了第一天的铺垫，晚上8点时，大家各就各位，井然有序。

家长评委真诚地指出问题："同学们，要详细叙述一下自己作业的完成情况，什么时候完成了哪一科，练字的，是每天一练，还是临时赶出来的？"

学生评委也是精益求精："字迹比较工整！""物理答案只列了公式，没有结果！"有的评委还要求参与者重新发一次。

每天到了时间，在家校通里发一则消息，发布今日过关的学生名单。

五、天天快递作业——检测日常化

孩子们尽量能天天做点作业，因此作业检测更加日常。于是，我们制定了下面的要求：

天天快递晒作业要求

每日总负责人职责：

（1）总负责人负责当天所有作业的点评，点评要到位，不能敷衍，帮助同学改进提升。

（2）值班同学负责动员和调动大家的晒作业热情。

……

（6）总负责人缺席一天算旷工。失职的话，该天为不合格，最低等级为D级。

晒作业要求：

（1）当天大家做的作业用手机拍照晒出来。

（2）坚持每天晒作业。

……

（5）若无法晒作业，需请假或说明情况，并降低一等处理。

总评：

（1）每次晒作业的分数将计入下期德育考核。

（2）开学进行总评，并举行颁奖典礼。

（3）针对每日总负责人，我们评选出"最佳点评引路人"等奖项。

六、连锁式大检查——现场程序化

在开学报名的头一天晚上，我会电话通知课代表，每人负责一科。报名当天，课代表提前到校，坐成一排，先查作业。每人手持一份班级名单，根据作业质量打出 A、B、C、D 四个等级。每一科作业检查过关、课代表签字后，再到班主任处报道注册。

具体流程：

班主任布置课代表任务—课代表检查作业—课代表评定等级并登记上表—作业合格者课代表签字—每个学科全部签完字—班主任处报道。

七、"开学作业秀"——展览全员化

开学的第一天，我们把全班同学的作业全部搬到年级走廊上，进行"开学作业秀"的展览。全员参与，不管做得好不好，都来秀一秀。

下课时，孩子们络绎不绝地在走廊上翻看着每一本作业，看着别人的作业也在思考着自己的，新学期的作业也因为展览而翻开了新的篇章。

八、作业颁奖大典——总结表彰化

举行隆重的开学作业颁奖典礼，做好分数统计，评审团进行评选，然后由同学们写好颁奖词，将颁奖隆重化，选好颁奖嘉宾。

颁奖词是同学写的，当孩子们在自己同学那儿得到了赏识和认可，内心深处自然升腾起一股正向的力量。获奖人发表获奖感言的时候，就是反思提升的时候；没有获奖的同学，也会思考自己和别人的差距，这样更容易激发内心向上的愿望。

经历这些，相信假期作业检查不再是焦头烂额，而是风光旖旎！

5 职业生涯大规划

——创意计划让目标落地生根

开学定目标，我们总是隔靴搔痒，为了让孩子们从职业规划的高度，将目标和计划一并真正地落实下去，我班开展了如下活动。

一、职业体验大闯关——关注自我

家长们来自各行各业，正好可以为孩子们提供丰富的职业体验。经过和家长们商议，由家长们设计并担任评委的"职业体验大闯关"开始了！

"医生"体验的考官是鑫瑶的妈妈，她拿出写好的"望、闻、问、切"的牌子，让一个孩子模仿病人，一个孩子模仿医生，体验"望、闻、问、切"的过程。

"公务员"考核设计了一个简单的活动：从 1 写到 100。规则：不能停下来，不能写错。看似很简单的一个项目，其实考验着大家思维的严密程度。

"警察"家长设计了三个关卡：知识考查——警察分几种？应变能力考查——警察的职能到底是什么？体能考察——做俯卧撑。

"明星"闯关，是雷申爸爸设计的，主要是才艺展示，让孩子们把自己的拿手好戏展示出来。

"服务行业"由代诗怡的奶奶主考，她设计了扫地现场，还设置了情景问题：如果照顾一个老人，你会怎么做？学生感慨，做家政也不是件容易的事情。

在职业体验的过程中，应聘的学生明白了要实现自己的梦想，需要什么知识、特长、经验，也明白了自己眼下该干什么。

"职业体验大闯关"架起了"未来职业"与"现在学习"之间的一座桥梁。

二、系统规划目标——注重长远

职业体验仅仅是感性的理解，而"从梦想的云端"走向"脚下的土地"需要有明确的目标。只有有了明确的目标，才会努力奋斗，并积极创造条件去实现目标。

所以接下来的活动是：目标制定。

为了让孩子们找到自己的方向，我们首先进行了自测活动。利用相关软件，学生自测了天赋、兴趣等方面，从而确立了自己的职业选择。再把目标分成终极目标（职业）、远期目标（考什么样的大学）、中期目标（考什么样的高中）、近期目标（学期要实现什么突破）、月目标（一个月要实现的成绩）、周目标（每周要突破的点）、日目标（每天要完成的事情）——进行制定。

如，雷琴的目标系统。终极目标：教师。远期目标：西南师范大学。中期目标：重点高中。近期目标：成绩有所提升。月目标：在原来的基础上进步20分。周目标：每周看完一本课外书。日目标：提前把作业做完；坚持每天记忆英语单词；看课外书25页。

对比较笼统制定目标的孩子，老师需要对其进行专门的辅导。

三、自写期待奖状——驱动内需

我们请学生把自己这学期最想得到的奖项设置出来，等到期末放假时再来颁发，看谁能得到自己设置的奖。

"这个好玩！"孩子们顿时笑开颜。

这一次，我故意准备了比平时大一号的奖状，每一张奖状都鲜艳得灼眼。

"哇！这么大的奖状呀！"

"是呀，意义重大，当然用大奖状呀！"我一边发奖状，一边说。

孩子们郑重其事地给自己写奖状，给自己奖励的称号也是五花八门：

"黎明奖""宁静专一奖""效率之星""迎难突破奖"……

展示的时刻到了，腼腆的王广上台了，说："我想得到的奖状是'英语进步之星'。这学期我就重点攻克英语！"

擅长美术的思怡把奖状放在展台，大方地说："'傲娇翻译库'——因为我各科比较平衡，希望这学期英语成为我最大的优势！"

……

有了一个明确的近期目标，我们还需要对目标的实现进行分析，如自己这张奖状的优势和障碍在哪里。借助思维导图，我引导孩子们进行自我分析，更为全面地梳理自己的优势和劣势，并列出了自己的行动方案。

有的孩子还能把障碍和方法一一对应，并进行纵向延伸。

四、修身契约签订仪式——自我管理

有了目标，也分析了自己的优势和劣势，关键是要落实到行动中。最好的管理是自我管理，于是，我们举行了"修身契约签订仪式"。

签约的主人自己为自己承诺。每一位同学自觉走上讲台，展示自己的行动方略和奖惩，同时以盖手印为证。

张剑走上台，慷慨激昂地说："我这次准备做到每天都要攻克数学难题，每天问问题，如果没有达到，就……"

"就怎么样？"全班同学异口同声地问。

张剑咬咬牙，坚定地说："就请全班同学吃东西！"

"好嘞！"全班一阵欢呼。只见张剑脸色凝重，咬咬牙，狠狠心，猛地把手印按下去，仿佛在完成一件大事。我知道他已经给了自己一份沉甸甸的责任。

鑫瑶上台了，说："我需要坚持做时间安排，把英语补上来，每天给自己定一个小目标。如果没有完成，我自觉减少上网时间。"

"那我们怎么知道呀？"

"可以叫爸爸妈妈发微信到群里呀！"她沾上印泥，印下手印。又是一个慎重的承诺！

绪洋上台了，只见他嗫嚅着，满脸通红："我还没有完全想好，我不知

道这个仪式这么严肃！我准备好了再来！"孩子亮闪闪的眼睛望着我，乞求道。

"好，好！"同学们齐声说。

就这样在一片热情的海洋中，孩子们慎重地把手印印在了自己的"契约"上。

五、同伴约定——互相监督

人都有懈怠的时候，学生需要找一个同伴互相监督，互相鼓励，一起同行！

学生自选同伴，一起约定。

余乐和同伴约定：

为了离目标更近，我们双方约定，甲方监督乙方每日签到；甲方和乙方约定每天在校阅读课外书20分钟，并做好读书笔记。如果一方没有完成，就请对方吃棒棒糖。

甲方：蹇小艺

乙方：余乐

约定写好，同伴互相签字，用自己喜欢的方式增加约定的神圣感，有的握手示意，有的击掌为盟。

同伴的力量用在职业规划的目标落实上，就把每个孩子单向的个人约定，变成了集体的共同合作。

六、家庭合同——共同参与

孩子除了学校生活，还有家庭生活。家长陪伴孩子成长的过程，其实也是家长和孩子共同成长的过程。

晚上回家，学生和家长可共同制定"家庭合同"。根据自己的实际情况，有的孩子制定了学习方面的，有的制定了生活方面的，还有的制定了行动督促方面的，特别是对周末情况进行了规定：

"周末请甲方（父母）监督乙方（孩子）复习总结各个科目，同时要求乙方（孩子）出去散步1小时，如果乙方没有完成，请甲方惩罚：减少零用钱四分之一，减少上网时间1个小时。"

最后，家长和孩子慎重签字，还有家长写上打油诗："没有规矩不成方圆，契约精神自控良方，互相督促取长补短，良师良策学生之幸。"

小艺的妈妈还拍了照，说要留下证据。朱卉的爸爸把自己的优势、劣势进行了分析，说这学期要和孩子一起成长。

当家长也参与到孩子的"目标落实"中来，就减少了孩子对家长管理的抵触、对抗情绪，也增进了亲子之间的关系。

这次"职业规划"让孩子们从"幻想的云端"走向"真实的地面"，同时调动了他们学习的积极性，凝聚了同伴与家长的力量。学习不再是孤立存在的，而是与未来相互联系。当孩子们通过探索，在成年后，真的能从事自己喜欢、愿意持之以恒的事业，这也算是人生的一大幸事！

若真如此，作为一个教育人，也就实现了教育是为孩子创造幸福的初衷！

第二辑

活动开展微创意：活动还可以别具匠心

活动是教育的有效载体。很难想象，离开了孩子们所爱的班级活动，我们班主任还能够通过什么途径对学生进行教育？如何让活动形式发生新的变化，赋予内容新的内涵，使程序富有新的仪式感呢？

6 学长见面会

——创意重逢传承班级精神

　　文化是能够传承的。作为班主任，若不利用前几届的学生影响现在班级的学生，那真是资源的浪费。

　　春笋班的孩子簇拥着我，毕业后回母校与我重逢的喜悦洋溢在他们的脸庞。寒暄之余，我想，平时我一直给逐梦班的孩子介绍这些学长，何不借此机会让他们会面交流，让前一个班的优秀传统延续到后面班级里去呢？

一、现身说法——逆袭故事激发学弟雄心

　　我携春笋班的孩子涌入逐梦班，迫不及待地向孩子们介绍这些哥哥姐姐们。

　　教室里掌声热烈，孩子们欢呼雀跃。我则乐不可支地介绍道："这就是跟大家说的班长。"

　　"这是'咸鱼翻身'的王磊。"

　　"这是给大家讲过的李思！"

　　……

　　孩子们喜出望外，我借势引导："是不是应该让学哥学姐谈一谈自己的感受呢！"

　　教室里响起热烈的掌声。

　　春笋班的孩子被逐梦班同学的热情感染了，上台热情交流起来。

　　王磊坦言："弟弟妹妹们，你们能想象当初我是什么样子吗？打架，抽烟，成绩倒数第一……"

　　有个孩子的惊诧声脱口而出，教室里发出了笑声。

王磊又继续讲述自己从年级倒数逆袭为优秀生的经历，听得孩子们目瞪口呆。

有孩子好奇地问他的进步源于什么。

王磊幽默地说："听吴老师话呀！"

顿时笑声哄堂。

接下来王磊大胆诉说自己如何冲破那段青春的迷惘，结尾提到："那段往事最后成了我最美好的回忆，而不是悔意。"孩子们听完陷入了深深的沉思。

（下课后，成绩拖尾巴的小良前来询问王磊故事的真实性。

我告诉他："都是真的。每个人都能成为逆袭之神，关键在于你的意愿！"

"我能吗？"小良迟疑道。

我用力抱了抱他的肩膀："当然！"

小良坚定了信心。

老师空洞的说教，远不如同伴的一个示范。）

随后，孙飘不紧不慢地说："弟弟妹妹们，今天我送给你们一句话——只有浸泡过泪水的微笑最灿烂，只有走过迷茫才会最清醒。"

最后，明煜手持粉笔，在黑板上写下原创诗歌——"独立青山大江流，岸缀殷红几许幽，怒发洪涛斩断愁，不入沧海死不休。"

孩子们艳羡无比，将学哥学姐视为偶像。

笑声赞叹与唏嘘沉思相互交织，教室变得宽广明亮。

当越来越多的老师抱怨，现在的孩子一代不如一代，一代比一代没有梦想时，我总在思考一个问题：何不让优秀的孩子做示范，让其他孩子知道这世上除了玩耍的快乐，还有一种快乐叫优秀呢？

我构思学长学弟见面创意活动，不是临时起意，我一直在思考，用什么样的方法才能使孩子接受更感性的思想震撼呢？很明显，今天达到了目的。

"什么时候，我也能成为他们那样的人呢？"课后的周记上，我看到好多孩子在心里悄悄地问自己。

二、签名盛会——让念想留在孩子身边

下课后，逐梦班的一个孩子打算让学哥学姐签名。我扬起右手，给以大大的"OK"。随后，大家不约而同地扬起笔记本奔向学哥学姐们。

学哥学姐们又惊又喜，眼前都挤满了"挣扎"的人儿，忙得不亦乐乎。连上课了，同学们仍迸发出前所未有的执着，不签完名心不休。上课一会儿后，孩子们才如获至宝地散开，连蹦带跳地回到座位上。

我问孩子们："拿到签名高兴吗？"

孟君告诉我："我太激动了，老师，我最崇拜、很崇拜、超崇拜那个陈童姐姐，我看到春笋班的值日本上，她的字可漂亮了。现在得到她亲自为我写的字！我真是太激动了！"

我笑了，这孩子，居然连用了三个崇拜，内心的激动一点儿都藏不住。

第二天，我翻看孩子们的随笔。芷涵写的《墨》让我怦然心动：

> 学哥学姐们有着青春的年少轻狂，却比其他学长多了一份沉静，多了一份睿智。他们有一种绅士之风、淑女之范，博览群书让他们说话字字珠玑，有一种书香之气，像古代学者一样有着儒雅之气。像那种肆意的行书，潇洒却又不失意蕴。

对孩子们进行励志教育，一定要给孩子们留下点念想。这样，当初的激情冷却之后，孩子们还能够从身边留下的东西上回忆起当初疯狂的激情。不忘初衷，不忘初衷，初衷是需要经常提醒的。

一个签名，对逐梦班的孩了来说，也许就是唤醒记忆的一个念想，一个触发点。

三、追忆情感——交流感动两届学生

对我而言，带的每一个班级，都是一段美好的回忆。每届学生毕业后，我把对孩子们的思念，捻成了柔柔的文字，藏在随笔里。

今天，思念的人出现，我该表达我的牵挂。借此，也给逐梦班的孩子开

一次交流会，分享那段如歌如梦的日子，让逐梦班传承春笋班坚韧不拔、超越自我的精神，激励逐梦班能走向更美好的未来。

一堂课上，我再一次邀请春笋班的孩子和逐梦班的孩子一起，分享我对他们的思念。

我告诉孩子们，我将把深藏已久的话，当着大家的面说出来。因为逐梦班也好，春笋班也罢，都是我的心血，我们是一体的！

"回首走过的日子，我们一起分担痛苦，一起寻找快乐，求知在一起，成功在一起，失败在一起，成长在一起，幸福在一起……"我深情地朗读着用心书写的文字，仿佛又回到了那段温暖而又跌宕的旅程。

"忘不了，跋山涉水，我们一起沐浴阳光，一起和鱼儿嬉戏，一起寻找心愿瓶；忘不了，在热闹的街道上，我们发传单，卖气球，虽然所赚的钱寥寥无几，但却体验了生活的艰辛；忘不了，缙云之巅，和家人一起烙下脚印，和同学一起青春放歌！"

我读《铭记我们的每一次拥抱》："记得感恩会上，我和孩子们拥抱在一起，一声声'吴老师，我爱您'让我眼泪决堤成河。家长们如潮水般的涌来'吴老师，你辛苦了'，情谊彼此相通。李妹妹妈妈过世，回校后，她紧紧地抱着我大哭一场，我们紧紧拥抱，无声的语言胜过所有……"

话音刚落，李妹妹喊道："吴老师，我可以再拥抱您一次吗？"

有什么不可以呢？让孩子们见证，我们三年的师生情谊，早已融为一体。我把孩子紧紧地拥在怀里，一如当年。

我抱着孩子，喃喃地说着我的牵挂。春笋班的孩子们，正无比激动地看着我。

伊莎激动得脱口而出："老师，我们毕业了也要这样！"

我使劲地点点头，有人传来一张纸条："老师，逐梦班不会让您失望的。几年后我们再来看吴老师的时候，也如今天学哥学姐们一样让您骄傲！"

我心里很高兴。这次活动不仅仅是师生的一次简单重逢，而是一次灵魂的彻底交流；不仅仅是一个班级和老师的重逢，而是一次有计划有预设的精神传承。这就是我想要的两届学生见面会，小小的创意，激发两个年级学生的激情！

7 走猫步表演

——创意惩罚让批评妙趣横生

惩罚在教育中是不可避免的，但罚做清洁、写检讨等方式，往往会让学生产生"抗体"，不能起到惩罚的目的，说不好还会激发学生叛逆心理，如何让惩罚既有效果又饶有趣味呢？这就需要采取一些学生乐意接受的惩罚方式了。

一、走猫步——小商议达成大共识

下午地理课后，班干部跑来告诉我小华等三个同学在课上睡觉、看课外书。怎么办？生气说教有用吗？

我来到教室，清了清嗓子说："上课不遵守纪律怎么办好呢？建议被采纳，有奖哟，有奖哟！"顿时，教室里炸开了锅。

"罚他做清洁！"

"写剧本！"

"老师，来个走猫步吧！"小华提议道。

"这个好，有趣！"另两个孩子拍手叫好！我心里窃喜，自己提出的可不能耍赖，待会就知道求饶了。

"那，同意上课不遵守纪律的同学走猫步的举手！"过半的人同意。"有需要申辩的吗？"教室里一片安静，成交！"我宣布，上课不遵守纪律的同学走猫步成立！"我偷偷瞅瞅那三个孩子，他们正欢呼雀跃！

二、提要求——甜惩罚引出苦哀求

"走猫步，有什么要求呢？"我拖长声音说道。

"为了要求明确，我们干脆在黑板上写要求！"大家积极地跑向黑板，认真写起来。

"屁股甩起来！"

"小手摆起来！"

"脸上表情要不停地变！"

"边走边学猫叫！"

黑板上赫然出现五花八门的要求。每写一个，就引来台下一阵爆笑。

当纪律委员宣布在地理课上违纪的几个孩子需要接受这种惩罚时，几个"红孩儿"捶胸顿足，大呼上当了！

"手下留情吧，同学们！以后再也不敢了！"几个孩子说着好话求饶着。

三、放音乐——疯狂节奏引爆全场

放学前，我宣布："孩子们，接下来我们有请走猫步的同学上场！"

"好！"教室里掌声雷动，孩子们期待满满。

"老师，放音乐！"

"最绚民族风！"音乐响起，掌声不断。

同学们都伴着音乐声，跟着节奏拍起手来。

演员就位，小华两手叉腰，摆动着头，步履轻快，从教室门口走上台，绕教室一圈；后面的小艺，手放在兜里，有点含蓄；小成，满脸严肃，酷酷的。其他同学则笑成一团。

一曲结束后，有孩子吼起来："同学们，要不要再来一曲？"

"要！"

"一段骑马舞《江南 style》！"

"好！"

大家附和着，音乐声再度响起，疯狂的节奏引爆全场，就连平时不苟言笑的同学也笑开怀。

演员们也越来越欢乐，拿起扫帚当道具，演骑马，笑声一浪高过一浪。

四、辩一辩——小辩论引发大反思

我思考着，孩子们是欢乐了，可给大家留下了什么呢？

当大家慢慢趋于平静时，我说道："孩子们，对于今天这样的惩罚，大家谈谈看法吧！"

小飞站起来说："我觉得这样很好，受惩罚的同学愉快地接受了惩罚，其他同学也印象深刻！"

心雨起身说："我觉得让我们也知道，上课要遵守纪律，既惩罚了别人，也告诫了自己！"

同学们纷纷发表自己的看法。

有孩子悄悄递上纸条："老师，我觉得这样会伤他们的面子！"

是呀，惩罚是把双刃剑，用得恰当会起到激励作用，用得不好会让学生破罐子破摔。既然有孩子说"这样会伤他们的面子"，那干脆来个辩论赛。

于是我顺水推舟，让孩子们就这个话题进行辩论。

孩子们非常热情，正方说："需要伤一次面子。作为学生，上课遵守纪律是基本要求，而且老师在讲课，你在下面扰乱纪律，是不尊重老师的表现，也伤了老师的面子呀！"

反方争辩道："我觉得不该伤面子，让同学给老师道歉就行了，这样在众人面前蹦蹦跳跳有失雅观。"

在辩论中，孩子们越辩越明晰，越辩越深入。从"是否伤面子"谈到了"尊重老师"，从"尊重老师"谈到了"课堂纪律"，从"课堂纪律"谈到了"遵守规则"……

五、制定规则——小引导重塑正行为

惩罚的目的是为了让孩子们做得更好，让全班同学受到教育。接下来，大家讨论并商量出了"逐梦上课听课标准"：

（1）神情专注，尊重老师，不讲话，紧跟老师的讲课思路。认真听老师的分析和同学们的问答。

（2）上课注意观察课堂板书、老师的表情手势和演示实验动作等。不做与课堂无关的事。

（3）学会随听随思，深入思考，善于联想思考，辩证反思。开小差时要自我克制。

（4）善于做笔记，记好讲课要点、易错点、解题思路和方法，及时进行自我小结，明白记笔记是上课听与思的深化。

（5）积极回答问题，勇于提出问题，使思维处于活跃状态。让自己注意力集中。

（6）克服内外干扰，有意识地锻炼自己抗干扰的能力。培养自制力。

（7）学会控制情绪，不因外部干扰而影响注意力，不让学习处于浅尝辄止的状态。

（8）在交流环节，要好好利用时间去熟悉知识点，不交流与课堂无关的事。

六、安抚会——细安慰圆满惩罚事

为使小华、小艺他们没有思想包袱，我找他们谈心。在办公室里，我关切地问："这样会不会觉得没有面子呀？"

"老师！没事，既然违反了纪律，就该接受惩罚！这种惩罚还挺有趣呢！"孩子们轻松地摆摆手。

我心里一阵感动，笑着说："今天看来，你们以后完全有当模特的潜能！"几个孩子不好意思地笑了。

"一个人不管干什么，都应该学会尊重他人，学会遵守规则！上课时，遵守纪律是学生最基本的素养。一个懂得规则的人才能走得更远，走得更稳健！"

孩子们心悦诚服地说："老师，我们知道该怎么做了！"

我打趣地说："下次我可不希望你们因为课堂的事情而来走猫步！要是哪天你们真正成为模特崭露头角，那时候，老师会使劲地为你们鼓掌！"

几个孩子咧着嘴笑了，窗外阳光明媚，天色正好！

8 百元生存大体验

——创意实践激发学生热情

假期首日，我们班开展"百元生存大体验"活动。

开展这个活动的原因很简单：现在很多孩子花钱大手大脚，全然不知计划开支；还有些孩子，不体谅父母赚钱的辛苦，总和父母吵架。太安逸的孩子，他们不会把"何不食肉糜"当作荒诞的笑话，而以为那就是现实。

生容易，活容易，生活不容易。只有当孩子理解现实生活的艰难，才会对父母多一份感恩，才会对学习多一份责任。

一、坦白交底——100元生存一天，还要给我赚钱

放假前，我就对孩子说："明天我们班将开展一项社会实践活动——百元生存大体验！"孩子们很感兴趣，问道："老师，这钱怎么赚呀？"

"具体你们自己想。我只给每个小组100元的本金，你们拿着这钱去街上谋生，上午出去，下午回来，到时候我们结算。"

教室里顿时沸腾起来，有的组准备去发传单，有的组准备去卖花，还有一组准备倒卖面包，王媛那个组竟准备去当乞丐！不管怎样，孩子们都对活动充满憧憬，有些还提前设计了称呼："见到二三十岁的人叫哥哥姐姐、帅哥美女，发化妆品传单找化妆的女士，发零食传单找小孩……"

家长们也很兴奋，在群里留言："明天我们去不去？"

我答："不用去，让孩子们去锻炼吧。如果想去，只能负责照相，不能帮忙！"

家长们答应了。

第二天早上，我到达约定地点，准备给孩子们发"创业启动资金"。

我示意孩子们安静下来，郑重其事地交代注意事项："（1）不要单独行动，要以小组为单位活动。（2）大家提高警惕，以防受骗。（3）每三个人一组，可小组合作，每组100元的本钱是借给小组的，不是用来消费的，下午要还。（4）创业时间为一上午，下午2点在这儿集合，一律不准延迟。（5）要有坚持精神，不能中途放弃，更不要偷懒。（6）端正态度，今天我们是来赚钱的，不是来玩耍的。（7）每个组随时在群里发动向，保持联系。"

交代完后，组长们兴高采烈地签字领钱，带着组员走向大街小巷。

二、真实体验——赚钱真是一门技术活

孩子们走后，我打开手机坐镇指挥，随时关注群里的动向。当家才知油盐贵，这些小屁孩，出去前总以为前途一片光明，出去后不久，就开始在群里吐槽了。也有孩子在群里表达自己的惊喜："太好了，我们有工作啦！"还有发美照的，大家做得热火朝天，不亦乐乎。

我在街上晃悠着。刘显洋那组正使出浑身解数逗乐路旁的一个小男孩，努力推销自己的布娃娃。嘿，孩子们还在做买一送一的活动呢！曾萍那组在"乡村基"里做清洁，大家弓着身子卖力地擦拭着，丝毫没有偷懒。

"姐姐，你有空到这家家教公司看看吧！"清脆的声音在我耳边响起，我转身一看，蹇艺传单都发到我身上了。周绪洋一蹦一跳地晃动着手里的传单，骄傲地说："老师，我们嘴巴可甜啦！今天发传单的效率还挺高！"

我不禁竖起大拇指。

很快时间到了，孩子们陆续从四面八方涌来，手舞足蹈地交谈着打工赚钱的逸闻趣事。

"今天我们可是干了两份工作！先卖气球，然后再去洗碗！"李欣眉飞色舞地说。

"赚了多少？"

"2元！"全场大笑。

李兰垂头丧气地说："我们发了一上午传单，被坑了，他们不给钱！"眼泪都快掉下来了。

"我们运气很好，我和刘勇碰到一个戴眼镜的老板，他教我们怎么发传

单，怎么与顾客交流，最后给了5元钱，还管饭！本钱一分不少。"平时不爱说话的田源也说个不停。

"我们转悠了一上午都没有人要，好不容易走进一家补习班，几乎要成功了，但他们说得等到明天下午再去。我们受到了一万点伤害。"凯越越说越伤心。

我默默听着，微笑着安慰孩子们："看来赚钱还真是一门技术活。不管今天是赚到了钱，还是没有赚到，都是一种体验，这是最宝贵的经历。今天晚上我们在群里好好分享一下，让今天的实践活动变成一笔无价的财富！"

三、活动总结——三笔账算出满满学习动力

晚上，群里炸开了锅，大家早早分享起自己的感受。

我留心了一下关键词，基本是一个风格："累！""钱来之不易。"仅仅停留在赚钱累，还未达到目的。我想用活动来唤醒孩子们对生活的体验，激发他们的学习热情，过一个充实的假期。

孩子们说得差不多时，我抛出第一个问题："今天你们找到的工作，和你们想要的有差距吗？"

"有差距！"

"大大的差距！"

"具体呢？"我引导道。

大家七嘴八舌地说起来。

"我梦想当歌手。可今天干的是发传单，最后还没工资。"

"今天的工作是卖花，我的理想是在办公室里当白领。"

"茜茜说要当小说家呢，今天做的是洗碗工。""嘿嘿，是呀！"茜茜笑道。

"为什么我们今天做的工作和理想中的工作差距那么大呢？为什么现在我们做发传单、洗碗、清洁工作，别人还嫌弃我们？"我继续引导。

"年龄太小！"

"没有学历！"

"没有经验。"

……

孩子们说的都对，我总结道："学生的天职是学习，当我们没有足够实力的时候，是没有人请我们做事情的。吃一堑长一智，只要我们加强自身学习，有学历、有特长、有经验的时候，我们还怕没有人请我们吗？"孩子们纷纷表示赞同。

我接着抛出第二个问题："请大家计算一下，今天的收入是你期待的收入吗？你的收支平衡了吗？"

孩子们表示不敢算。

磨蹭了一阵子，王剑开始说："收入 8 元。支出：酸辣粉 8 元，车费 7.2 元，水费 3 元，水杯 45 元（天呀，还真肯下本钱！）。收支两抵，亏空：55.2 元。"

邓涵也开始说："收入：0。支出：坐车 9 元，吃早饭 4 元，吃午饭 6 元，亏空 19 元。"

大家陆续报账，基本上都是负数。隔着网络，我都能感受到孩子们的失落。

我追问道："假设现在你们独立生活了，今天的收入乘以 30，看看你们的月工资是多少？"

孩子们觉得难看。

我继续追问："如果你们挣这点钱，要付每月的贷款、水电费、伙食费……这点钱够吗？"

"老师不要再说了！"有孩子开始哀嚎。

不，得继续。在孩子们感觉沮丧时，正是唤醒他们的时候。"现在你们可以找父母要，以后万一也这样负收入，怎么办？谁能帮你一辈子？银行贷款，拿什么还？"

"看来现在不是我们挣钱的时候，得好好读书，有了文凭、知识，有了资本才能养活自己！"李文发了一个恍然大悟的表情。

我抛出最后一个问题："今天你们收不抵支，你们心疼那些花掉的钱吗？"

"心疼！"

"没有办法，我会还给您的。"

"我知道你们会还，因为我们约定要还。但是我更想问你们一个很现实的问题：今天花这么点钱你们就紧张了，可你们知道家里每月要花多少钱吗？你们心疼过父母吗？"

　　孩子们感到惭愧了。"爸爸妈妈养育我们，我却不体谅他们""我要好好读书，既不要辜负父母的期望，更为自己而努力！"……

　　"我们要努力读书！"一个孩子在群里说。

　　"复制跟上——我们要努力读书！"另外一些孩子跟着说。群里一片复制。我想，这并不是复制，而是孩子们在表达他们共同的心声。

9 开馆剪彩仪式

——班级图书馆创意开启阅读之旅

班级图书馆的阅读活动一直在开展，但是始终不温不火。初三最后一年，我决定打破这种局面，于是举行了"图书馆开馆剪彩仪式"。

一、准备工作——巧点燃

我们重新布置了图书馆，并选出新的图书馆工作人员——熊露云和李朵。
"新馆开馆，举行个开馆仪式？"我问孩子们。
"要剪彩吗？"有孩子问。
"为什么不呢？"我答道。
"我们有举行仪式的那些东西吗？"一个孩子小声地说。
一直忙着准备的许雅婷马上抢着说："当然有啦！你们看——"手里的签字簿在空中晃了几晃。
熊露云也起身，手里拿着手套、丝带。大家一看，开始议论起来。
"老师，那我们要做课件不？"陈芷涵高高举起了手。
"当然。"孩子们马上沸腾了。

二、开展目的——巧表达

经过精心的准备，开馆仪式终于开始了，教室中间空出一块地方，上面铺上了红地毯。投影仪上播放着做好了的PPT，黑板上写着"逐梦图书馆开馆剪彩仪式"，明快的音乐回荡在教室里。
音乐声中，主持人朗诵了一段激动人心的开幕词。然后，孩子们邀请我讲话。

我清清嗓子说："孩子们，我们在一起相处的日子不多了，我希望你们的初中生活留下的不仅仅是考试和分数，还有更美好的读书仪式——我们班的图书馆剪彩典礼！从今天开始，你们需要自己主动读书，而不是老师和父母督促你们、盯着你们读书。因为一个仪式，就是一段新生活的开始。"

孩子们都睁大眼睛看着我，为了让仪式更具有感染力一些，我特意卖了一个关子："都说要剪彩，谁能告诉我们，这剪彩有什么来历呢？"

一些孩子摇了摇头。

我心里窃喜，说："剪彩仪式有几种来历。一种传说起源于西欧。古代西欧造船业比较发达，新船下水往往吸引成千上万的观众。为防止人群拥向新船而发生意外事故，在新船下水前，离船体较远的地方，用绳索设置一道'防线'。等新船下水典礼就绪后，主持人就剪断绳索让观众参观。后来绳索改为彩带，人们就给它起了'剪彩'的名字。"

孩子们都聚精会神地看着我。

"第二种传说起源于美国。1912年，美国一家大百货商店将要开业，老板为讨个吉利，在门前横系一条布带，吸引人注意。可是，还没到营业时间，老板10岁的小女儿牵着一条狗从店里窜出来，无意中碰断了这条布带。在门外久等的顾客鱼贯而入，立马生意很好。后来，老板又开一家新店，又让其女儿有意把布带碰断，果然财源广进。人们便认为碰断布带是一个带来好兆头的做法，群起仿效，就成了现在的剪彩仪式。"

故事把孩子们对未来的美好期待激发出来了："那我们剪彩之后，是不是也会拥有好运气呢？"

"肯定的，不然我们还剪彩干吗？"我笑盈盈地说道。

三、仪式程序——巧入境

剪彩既然是仪式，那就得有仪式的繁文缛节，就得有仪式的庄严、神圣。我得让剪彩的特邀嘉宾登场了。

"特邀嘉宾"是我们班读书最多的"阅读形象代言人"和"德艺双馨"之星。音乐声中，他们一一入场，旁边的同学都投来了羡慕的目光。我知道，榜样已经在羡慕中镌刻进孩子们的心灵。

接着，特邀嘉宾开始发言。杜心雨红着脸，兴奋地讲着："很高兴参加图书馆的剪彩仪式，我希望同学们积极地在逐梦图书馆借书，希望同学们爱惜图书，多读书，多看报！"简单的几句话赢得了同学们热烈的掌声。

然后，图书馆工作人员宣誓。两位同学，左手拿着誓词，右手高举着拳头，伴着音乐声，庄严地在大家面前宣誓："我愿成为逐梦图书馆的工作人员，为同学服务，让同学们有一个好的读书环境，读自己喜欢的书，看自己喜欢的文章，希望同学们踊跃来借书！"声音铿锵有力，感染了在场的每一位同学。听着他们的宣誓，大家对未来的图书馆充满了希望。

神圣的剪彩时刻到了。每个小组推选出一名剪彩员，大家牵着红丝带，特邀嘉宾们戴着白手套，手持剪刀，站在前方。

有同学嚷嚷道："要一刀切哟，这样预示着一次成功！"大家都目不转睛地看着特邀嘉宾，看他们能否一次成功。

"咔嚓"一声，第一个嘉宾剪下去了，却没有成功。旁边的同学叫了起来："用剪刀尖剪呀！"

第二位嘉宾一刀剪下去——成功！全场欢呼雀跃！整个剪彩仪式达到了高潮。

四、签名仪式——巧祝愿

组织一次活动，如果不能让大家都参与，那么再热烈的气氛都会有旁观者，不利于班级团结。为了让大家记住这不一般的剪彩仪式，我拿出了嘉宾签字簿，同学们需要走过红地毯，再签上自己的名字，写下自己的祝愿。

我鼓励他们："10年、20年之后，你们同学聚会，这个签字簿就是一段温暖岁月的见证！"这么一说，孩子们变得更庄重起来。大家排着长长的队，拿着签字笔，俯下身，认真地签上自己的名字，写下自己的祝愿。

有的写下对自己的提醒："珍惜每一次看书的机会！""让读书陪伴我成长。"有的写下对图书馆的祝福："祝愿图书馆越来越好！"有的写下了对读书的看法："我为活书代言，不为死书承诺。"每一句话背后都隐含孩子炽热的心。

事后的班级阅读情况证明，一个个孩子慎重的签下名字之后，我们的阅读不会随着"咔嚓"声结束，而是掀开了新的帷幕，因为阅读已经为孩子们找到了一处心灵的栖所。

10 分别前夕
——创意毕业留下一生美好

毕业总是弥漫着浓浓的离别气息，我们到底应该给毕业的孩子留下什么，又该让毕业生留下什么，如何让毕业成为他们永远美好的记忆呢？

一、指导写毕业留言——留下印记

毕业前，孩子们都拿着留言册让其他同学写毕业留言，看看孩子们写的留言，往往寥寥几笔，粗糙不知所云，所以指导孩子们写留言是有必要的。

"第一，情真意切。毕业留言要真诚，写到对方的心坎上，促进同学间的情感交流。第二，形式多样化。不要就只是留言册，还可以创新。第三，得体恰当。注意称呼用语和措辞等。第四，针对性强。把你印象最深刻的点写下来就行！"

提出建议后，我给每个人发了一张白纸，说："大家可以在上面随意涂写，给身边的同学写一张毕业留言吧！"

果然，这一次大家兴致空前，书写异常认真，而且设计成果精彩纷呈。

亲爱的黄小妞：

于今日向你借下长久的友情。或许很长时间还不了，待×年×月×日，你我再次相遇，我将还你这份友情，再开始一段新的旅程。

欠情人：吕书洁

"来世的你啊，如何把今生的我一眼认出，陪我到墨脱走一遍天堂，陪我到可可西里看一看海……"

二、玩真心话大家猜——留下永恒

毕业前，全班同学玩"真心话大家猜"。大家将"我最大的秘密""我最大的后悔""我最大的梦想""我最大的祝福"依次写在纸上，然后由主持人收上去，依次念每一张纸条上的内容，大家猜猜是哪一个同学写的。

"这个同学说他的秘密是外太空，后悔的事情没有，梦想是过上自己满意的生活。"

"王勇！"

"这个同学最大的后悔是没有长肥！"同学们开始在人群中寻找长得瘦的同学。

"张旺！""刘宇涵！""李思豪！"主持人连连摇头。

同学们绞尽脑汁也没猜对，主持人沉默几秒后，挤出几个字："王松林。"

全班惊讶声此起彼伏。

"最后悔的是没有跟喜欢的人表白！""哦——"教室里不约而同地传来意味深长的声音。

"我知道是谁！不过不说！"我接过话来，"看来大家都对此很感兴趣呀！既然这个同学当初没有跟喜欢的人表白，那么说明时机不对，为什么不把这份美好的感情掩埋在心底，变成一份美好的回忆呢？这个同学我们没有必要去猜了。"

游戏还在继续……也许10年、20年后，这些梦想会成为鼓舞孩子们奋进的力量，这些后悔已经变成了美好的记忆，这些祝福或许在孩子们重逢的时候，变成了彼此感情的升华剂，而这些秘密还是秘密吗？我们都憧憬着，期盼着……

三、来一场说走就走的野炊——留下美好

毕业前，孩子们决定集体野炊一次。他们自发组成小组，每组组长分配任务，一切都在热火朝天、有条不紊地进行着。

男同学忙着搭锅灶，女同学忙着生火，大家配合默契。一缕缕青烟欢快

地升腾、飘散开来。

每个组风格各异，有的包饺子，有的烧烤，有的煮汤锅……大家仿佛把这三年的情谊都融进这简单的食物之中。

接着，每个组开始介绍自己的美食。李朵说："这是我们组做的油爆饺子。希望大家以后的人生路就像这饺子一样灿烂！"

"哇，好想尝尝！"费杨已是垂涎三尺，立马就撩起一个放在嘴巴里。其他同学也走上前，你喂我，我喂你，很是温馨。

接着，杜宇介绍他们的烧烤："这是我们组烤的骨肉相连，还不错，就是盐放得有点多，杨扬烤的可是黑暗料理，全部都黑了。"

空旷的原野飘荡起轻松快乐的笑声，大家介绍着，欢笑着，嬉闹着……

也许某一天，某一时刻，某一地点，我们会想起这次野炊，那份记忆将深深地滋养着我们未来的人生旅途！

四、制作毕业承接卡——留下经验

学生学习了三年，到底给学校留下了什么，给学弟学妹们留下了什么？我们不能"轻轻地我走了，正如我轻轻地来"。毕业前，应该为学校做一点有用的事情！

喻红歪着脑袋说："老师，我们给他们送上祝福！"

王雨接着说："祝福缺少点意思吧。"

"我们可以把初三这年的经验送给他们，让他们提前有思想准备！"黎馨余颇有见解地说。

我沉吟片刻，说："孩子们，把自己的经验做成承接卡送给学弟学妹们，那可是一件大好事！"

学生的赞成声响成一片！

果然，收上来的承接卡精彩纷呈，有的用信封专门装好，有的用明信片，有的把卡片折成别致的三角形。有谈经验方法的，有以真情激励的，有叙前车之鉴的。文风多样，或文艺浪漫，或诙谐幽默，或苦口婆心。

赠人玫瑰，手有余香。毕业了，也可以让自己的名字熠熠闪光！

第三辑

常规习惯微创意：常规也能变得饶有兴趣

如果我们把每天的常规习惯变成一种重复，那学生易因重复而形成惰性，老师易因重复而陷入麻木，班级易因重复而日趋停滞。既然如此，如何把常规做出新意，如何把琐碎做得精致，如何把平凡做出精彩呢？

11 斑斓励志法
——创意励志让热情保鲜

班级励志语，每天都一成不变，孩子们早已没了兴趣，那么，如何让励志变得与众不同呢？

一、高喊作者名——抓住兴奋契机

我发现，孩子们每日朗读励志语时，习惯性地只读内容，不读作者——或许是因为作者是熟识的同学，而羞于以集体诵读的方式来表扬人吧。

于是，我指出了这个漏洞，引导大家改正。"加上作者一起读！"有人提议道。

"好啊！"我微微一笑，"孩子们，读励志语不是为了完成一道程序，是为了振奋精神！当我们读完一遍，想想作者给我们带来的正能量，再把这份感恩之情融进声音里！试一试！"

大家来了精神，但声音有些拖，读完了，大家都忍俊不禁，有的同学已笑开了花。

"同学们，这样拖着有什么意思？这样，我们来三遍，一遍比一遍高，试一试！"

"才华是刀刃，是磨刀石！张星——"声音洪亮起来了，没有了倦怠的味道，"张星——"声音加高了，孩子们笑得咧开了嘴。随后声音更加洪亮。

瞧瞧张星，第一遍不好意思，第二遍高昂起头，第三遍，浮现出由内而外的自信。

我穷追不舍，问大家什么感受。同学们开怀大笑道："爽啊！"

"爽就好呀，这就是励志的效果！"我又侧身问张星，大家念他名字时他有什么感觉。

"老师，我感觉很高兴，很激动！我想我今天一整天都会觉得有精神！"他笑着说。

我思量着，如果每天有 5 位同学的"班级语录"当选，那么一天就有 5 位同学沉浸在自信的振奋中，两周轮一回，全班同学都能轮流享受精彩，保持激情，这是一笔多么宝贵的财富！同时，朗读的同学也备受鼓舞，励志语的效果自然显现！

自从"高喊作者名"进行励志后，我班的"语录"大受欢迎。特别是念署名时，场面壮观。随着励志语深入人心，我们开始评选"每日励志擂主"，有时一课一换，所以，让励志语振奋到底！大喊三声，妙不可言！

二、跺脚握拳——利用肢体语言

有时，利用肢体语言进行励志，更易深入人心。

针对同学们课堂懒散、作业马虎等情况，我面向全体同学征集花样励志方式。

"老师，要不我们喊：我不要开小差，我不要马虎！"一同学提议道。

"可以呀！我们还可以手脚并用，表达自己的决心！"我顺势附和道。

一个孩子立刻上台写上："我不要开小差，我不要马虎！"我又在后面补充道："我再也不能这样了！！！"在句末，重重打上三个感叹号以示强调。

"好！我们握右拳头，同时跺右脚，嘴上喊一句：我不要开小差；然后，握左拳头，跺左脚，再喊一声：我不要马虎！最后，双手举过头，大声喊：我再也不能这样了！"我边说边示范。

"我不要开小差！"大家举着右手，使劲跺右脚，同学们忍俊不禁："老师，怎么有点儿像奥特曼？"我也"噗嗤"笑了。

大家都感到这新出炉的"花样励志"好玩。

"稳住，我们能赢！"我边笑边打着圆场。

当进行第二次时，笑声渐渐没了，声音渐渐响了，大家越来越投入！

当然，有了动态的，还需积极的静态鼓励，我又引导大家："最后，我们双手交叉，放在丹田处，深呼吸，暗示自己：我能做得更好！一定能！"

当孩子们做完一切后，我发现课堂上大家出奇的专注！

三、原地高抬腿——调动运动功能

一些运动励志方式是扫除郁闷心情的法宝。"原地高抬腿励志法"就是一种不错的方式。

发现大家最近的课前励志着实有些疲软，我走上台向孩子们提出了新的励志玩法。

对新式玩法，孩子向来感兴趣。

"我们来做运动，保证大家精神百倍！"

孩子们半信半疑。

"不信吗？"我故意睁大了眼睛，"来，试试！全体起立！"我高声叫道。

孩子们犹豫迟疑。

"我们先来说：'好，很好，非常好，越来越好'，一遍高过一遍，然后原地高抬腿！"

大家照着念，声音有些微弱。

"精神点！"我鼓励着，打着手势。

"好，很好，非常好，越来越好！"声音一浪高过一浪。

"开始高抬腿，不要歇息！"我趁热打铁道。全班同学开始高抬腿。

我继续打气道："不要停，快快快！"过了一会儿，我吆喝道，"停！"大家陆续停下，大口喘着粗气。

"现在感觉怎么样？"

"咦，我不郁闷了！"一孩子惊呼道。

"孩子们，当我们运动时，人体会分泌荷尔蒙。它有很多种，绿色荷尔蒙，让人心态平和，情绪稳定；红色荷尔蒙，给人带来快感和兴奋；黄色荷尔蒙，让人懒惰，得过且过，对身心皆不利；黑色荷尔蒙，让人易紧张、善嫉妒。而我们运动的时候增加的是绿色荷尔蒙和红色荷尔蒙！"孩子们怔怔地看着我，听得很认真，"原来如此！"孩子们恍然大悟，心情格外愉快。

四、家长参与创作——整合资源开发

有时候，家长参与励志，孩子们的感受便又不同。

我组织了个家长会，给家长们宣传班级励志活动："家长朋友们，如果你们参与励志语的创作，就能把你们对孩子的希望转变成'班级语录'。我相信，在孩子们一起读的时候，你的孩子会有不一样的感受！"

事后，群里便有家长发来金句。曾秋萍的妈妈说："不想在期末看到成绩后'蓝瘦香菇'的同学们，离考试还有七天，爆发你的小宇宙，使出洪荒之力，紧跟老师复习的步伐，好成绩自然来来来！"

邓雨子涵的妈妈也紧随其后："驾驶命运的舵是奋斗。不抱有一丝幻想，不放弃一点机会，不停止一日努力！"

赖兴美的爸爸也马上接龙："人生，只有你自己想努力，才算真正的努力。这是任何人都无法逼迫的，它只能是出自你自己内心的意愿，你才会真正去完善，去提升，去塑造一个更好的自己。"

……

接着，我把所有家长的"草根金句"收集起来，每日精选三句，作为班级励志语，其他发在班级微信群里。

当孩子们朗读时，我清楚地看到，他们的专注力胜过从前，特别是读到作者"曾秋萍妈妈""赖兴美爸爸"时，孩子们故意调皮地变着调子念"麻麻""把把"，教室里弥漫着快活的气息。

家长参与进来，就是不一样！

五、随情随境变化——拓展思路升华

情境不同，孩子们的励志语也会相应变化，励志的味道更是风光旖旎。

运动会时，我们班参与集体跳绳比赛项目。赛场上，队员们严阵以待，把手叠放在一起，齐声高喊："九班九班，海纳百川，青春似火，超越自我。耶！"大家击掌鼓劲，继而各就各位，全身心投入。

突然，耳边忽然响起："博静博静，拼搏奋进。"我一阵惊愕，孩子们竟编出了另外的口号进行赛场励志呢！还是班名"博静"的延伸呢！

孩子们冲我扮了扮鬼脸，说："老师，你不知道，我们还有更新鲜的呢！我们还根据运动员的特点编了励志语，不是简单地喊加油呢！"我一阵惊愕。

"比如运动员周绪洋，我们就喊：周绪洋，一阵风！比如周弘韬，我们就喊：周弘韬，闪电！"孩子们根据运动员的特点进行简短的励志语编写，还真把"花样励志"做出了花样。

果然，赛场上，不是简单的"加油加油"声，而是新颖的"一阵风、闪电"之类的，运动员听到这样的励志语，能不兴奋吗？

后来，我们又根据运动会的项目，进行了集体创作，真是百花齐放：有的写成打油诗，朗朗上口；有的写成歌词，在赛场上齐声放歌；有的举着标语，进行无声的励志。这也是别样的励志，别样的精彩呀！

12 吃饭模型问题法
——创意提问让思考更深入

学问学问就是学习提问，但班级出现了"为了提问而提问"的现象，为此，我绞尽脑汁，想出一个"吃饭模型问题法"。

一、该问——用"天赋教育"引导目的

首先需要让孩子有问问题的重要意识。

大课间，我招呼孩子们坐下，笑盈盈地告诉他们老师又有新玩法了！

孩子们兴致盎然，惊奇地打探我的新玩法。

我故意高声说道："今天教大家一个问问题的新方法，吃饭问问题法！"孩子们咧开嘴，不解吃饭怎么和问问题联系起来了。

"你们不是觉得问问题是完成任务吗？那来个新式的，让大家尝尝鲜！"孩子们眼睛笑成了一条缝："老师，快说！"

"在说之前，我们还是先了解问问题的作用！"我顿了顿，"你们知道美国的神童教育吗？"孩子们睁大了眼睛。

"就是天赋教育，可知他们的'童子功'首要招数是什么吗？"

"童子功！"有孩子大笑起来。

"是呀，而且第一招就是培养有批判性的阅读能力。批判力，即独立思考能力！"孩子们目不转睛地看着我。

我继续问："可知潘石屹？"孩子们摇头，我在黑板上写下"潘石屹"，"潘石屹在地产中国网举办的红榜评选活动中，连续三次上榜，先后被评为最擅长包装的地产营销家、最善于"引势导利"的营销大师、最独领风骚的地产娱乐大师。他个人创建的SOHO系列楼盘一直是京城名盘，多年销售额位于北

京前列。他有一种魅力，无论是什么领域，只要他想去玩，仿佛都能成功，从SOHO的概念，到拍电影、出书，再到进军电视主持圈。他说过：提问题比回答问题更启发人的智慧。"用名人例子来说明，可以让孩子们心悦诚服。

我继续讲着："还有现代管理之父德鲁克，他说如果你不改变问问题的方式，你永远都不会成功。"孩子们开始沉默起来，关于问问题的作用大家已经了解了。

二、乐问——用"吃饭程序"点燃兴趣

学生提问能力是心理素质、生活经验和知识积累的综合反映。问是学的起点，要想点燃智慧的火花，关键在于点燃孩子们发问的热情。

"孩子们，问问题其实和吃饭是一个道理，有一定的程序。"

孩子们猛地抬起头，来了兴致。

"第一步，得肚子真正饿了。就相当于我们问问题，要让请教的人感觉到：我对这个问题很好奇，想了解，请帮帮我。而同学们问问题为了什么？"

"完成任务！"冉若航争着回答，全班哄笑起来。"对，完成任务，说明你肚子不饿，我们要问自己真正想了解的问题，就像肚子饿了，才有食欲。"孩子们兴致盎然地听着。

"第二步，点菜。点菜除了合自己的胃口，还得看看是否有营养，不能长期吃垃圾食品吧！所以问问题也是一样的，要问有用的问题，问对自己学习有营养的问题。我们能随便找个问题问吗？"孩子们一个劲儿地摇头。

"点菜就点一样吗？得配点饮料呀！所以问问题时，要注意各个知识点的关联，能够由一个问题引发各个知识点间的关联，不要孤立地随便拿个问题来问。"孩子们听得津津有味。

"第三步是什么呢？"

"吃菜！"

"那万一是火锅呢，不可能马上吃呀！"我抿着嘴笑笑，"第三步，等菜。这个步骤可重要了。我们在等菜时，得思考一下，为什么萝卜炖排骨好吃？牛排几成熟有什么区别？所以，我们不要看到一个问题就直接去问，先要学会自己思考解决，就是一个等菜的过程。"孩子们恍然大悟。

"第四步，拿餐具。你要吃饭，总得有餐具。同样，问问题时，大家要

选定请教的人，同时要注意请教的态度，要谦虚，还要有礼貌！"孩子们不住地点头。

"第五步，敞开肚皮享受美味。这时，我们得边吃边品尝美味，不能囫囵吞枣！放在问问题上，就是认真听老师讲解，边听边思考，不能只是去要个答案。"孩子们咧开了嘴。

"第六步，消化吸收。我们如果吃了山珍海味，万一不消化，怎么办？"

"吃消食片！"

"对了，吃消食片助消化！所以问完问题后，需要自己整理解题过程，整理的过程就是消化的过程！"

三、敢问——用"承诺书"激发行动

为激发孩子们真正自主发问的勇气，我继续说道："问问题需要长期坚持思考，我们也许会因不得空就可问可不问，这是对自己不负责任的表现。"我稍停顿了下，"其实，思考在生活中应像呼吸一样自然，每周我们有三个问题，我们该如何安排呢？该如何督促自己呢？让我们写个'承诺书'给自己，好吗？并且自选一位见证人为自己打气。"我右手握紧拳头鼓励着大家。

孩子们的积极性被调动起来，便有了"承诺书"的具体格式：

承诺书

博静班：

我因为需要_____问问题，我对问问题的安排是：_____，我

承诺：

如果没有做到，以_____方式惩罚自己。

承诺人：

见证人：

日期：

"老师，承诺书就意味着责任，意味着要守信。"

"老师，我们还可以按上手印，为自己的承诺增加分量！"我眼前一亮，确实可以这样做。这不正是培养孩子一诺千金和真正行动起来的良机吗？

孩子们认真地写好承诺书，然后有秩序地慎重地按上手印，仿佛在完成一件要事，最后恭敬地把笔递给我，让我当见证人。我欣然接受，抚摸着孩子的头，感觉他们更懂事了……

四、会问——讲"问题法"改进完善

提问，关键在于方法，让孩子们学会发问，才能有真正的提升。

我们专门以学科教学作为阵地，交给学生们问问题的方法。以语文课文为例：

（1）什么时候发问：初读课文提出疑问，了解了课文进行追问，专研课文进行深问。

（2）什么地方问：如拼音处可以问，题目、句子、段落可以问，文章的内容、结构、手法等可疑之处都可以问。

（3）怎么问：在比较中提问，在怀疑处提问，在想象和假设中提问，巧用疑问词问。

关于问问题，对孩子的要求，需要循序渐进，逐步提升层次。第一层次：要求孩子们想怎么问就怎么问。第二层次：注重问问题的效果。第三层次：注重问问题的效率。

五、评问——用"鉴定书"提升效果

大家明确了问问题的程序后，我们制定了"问问题鉴定书"。

"问问题鉴定书"也是逐步完善，步步深化的。最后呈现的栏目有："姓名""周次""薄弱学科""问题呈现""解析""收获""签字""自我鼓励语"等，目的是让孩子们能够问完问题后进行整理提升。

后来，我思考着，如何慢慢提升孩子们问问题的质量呢？只有觉察到自己问问题的质量和层次，才有提升的可能。

于是，我和孩子们一起制定了"问题等级鉴定书"。

A级：和本堂课重难点非常贴切，能问出让自己去探究的问题。

B 级：和本堂课重难点贴切，能问出让自己去理解分析的问题。

C 级：和本堂课重难点相关，能问出应该识记的问题。

D 级：和本堂课重点没有关系，问的问题与本课内容无关。

刚制定完，孩子们就开始兴奋地嚷起来："老师，我们打游戏还可以升级，S、SS，最高是 SSS 呢！"说着，大家一致决定继续讨论完善评定更高等级的问题鉴定书。看来鉴定等级是没有最高，只有更高呢！

六、比问——用"秀问题"引起反思

对于一个班级来说，孩子的能力和态度有高低之分。如何使班级的大多数孩子能够持续地坚持问好问题呢？我思考着来一个对比展示。

每周的班会课，是我们的"问问题"总结会。我把孩子们的问题按照"等级鉴定书"的方式，分别罗列了出来，然后对比展示。

首先是班上王子怡同学的问题单，上面的字迹工工整整，顿时赢得了同学们的喝彩，获得了大家的一致称赞。

我问孩子们："你们觉得王子怡的问题单好在哪里？"

"字好工整！"

"过程整理做得很精致。"

"从她的整理来看，每个问题她都深入思考过。"

接着，我出示了彭柳媛的问题单，上面用红色和蓝色笔来区分问题和问题解析，孩子们更是睁大了眼睛，看得入神。

然后，我出示了"不认真"的同学的问题单。当孩子们看着上面有的地方没有填完整，有的填写了也只是敷衍了事；有的只有问题，没有答案；有的是直接给出答案，没有解析；有的干脆白纸一张。这次，我把全班同学的问题单展示得一览无余，有的孩子涨红了脸。

我便开始引导孩子们反思："同学们，把优秀的和自己的对比后，你收获了什么？"

"老师，这就像今天讲的相反思维，让我想到了自己没有解题过程，自己的态度确实要改变！"

"我的问题是没有详细地写出过程，没有分好步骤进行整理。"

"老师，我发现自己问问题没有头绪，没有去消化吸收。"

看得出孩子们是发自内心地自我反思，我继续深入地引导大家指向自我："看完了别人的问题单，你准备怎么做？"

有的说："我会注意两个方面：一是问自己不懂的知识和想弄懂的知识；二是认真把解题过程和推理过程写好，最好用不同颜色的笔来区分。"

有的说："找到符合自己水平的问题，写在单子上。同时写出自己的推理过程，并认真整理出来。"

还有的说："我问老师之前，要自己先思考，写上过程，主动多记一下，把它理解后，再让老师签字。"

七、恒问——用"升级表"避免懈怠

我以现在最流行的"王者荣耀"游戏中的等级作为升级等级，没想到一下子激发了大家的兴趣。一赛季是一周次，基础等级是"倔强青铜"，要求每周至少问三个问题，然后增加一个问题升一个等级。如表1所示：

表1　博静班问问题升级制

等级 姓名	倔强青铜	秩序白银	荣耀黄金	尊贵铂金	永恒钻石	至尊星耀	最强王者

因为有了升级制度，孩子们的热情更是空前高涨。随后，我们开始一步步通过评选优秀，让孩子们将问问题落到实处。每周固定在班会课上出示问问题清单，评选我们的"善问能手"。

孩子们日渐养成习惯后，我们又开始分类评选"问题消化高手""提问标兵""问题数目能手"。当然也不定时地收问题单子，突击检查问问题的效率和质量。就这样，"吃饭模型问题法"在班级被广泛运用。

当然，我始终相信，培养学生的思辨思维，一直在路上。

13 作业易主记

——创意作业整顿态度马虎

作业是检验知识掌握情况的一个必要环节，是学习的延续拓展。然而，有部分孩子对作业始终马虎了事。怎样才能让孩子们认真对待作业呢？冥思苦想之余，我没有急于批评，而是迸发出一个想法：这次我们来个"作业易主"。

一、"以字取貌"展——给学生一份辨析

青春期的孩子比较在意自己的外貌，尤其注重在异性面前的外在形象，基于此，我组织了"以字取貌"展。

我拿出一份写得龙飞凤舞的作业，问大家："孩子们，今天我们来猜猜这份作业的主人是个什么样的人？"

有人脱口而出："看这个字，这么潦草，应该是个男生！"

"你怎么就看出是一个男生的呢？"

"女同学的字该很秀气呀！"

我故作镇静："其实这是个女同学的字！"再看看那位女同学，正不好意思地埋着头。

一男生吼出来："老师，这人的相貌应该有点儿丑！"

"啊，怎么就看出人长得丑了！你们确定？"我再看看那位女同学，已如坐针毡。

他踟蹰了一下，坚定地说："是这样的！"女同学的神情略显失落。

"我告诉你们哦，这是个美女的！""啊！"全场哗然，惊诧不已，难以置信。

我压低声音一本正经地说道："大家看，一个人的字就如一个人的脸。字写得漂亮，别人往往觉得主人也漂亮；字写得不好，就觉得主人面貌丑陋。"

为进一步证明"见字如见人"，我展示了一个女生的漂亮字迹，说："这字是杨玉玲的，是不是像她一样漂亮啊！"大家连连点头，口服心服。接着，展出帅哥张洪睿的字，说："看，这字一看就是帅哥写的吧！""啧啧！"称赞声连连，张洪睿不好意思地笑起来。

最后，我展示了同一个孩子不同时间段的两次作业，问大家看得出出自一人之手吗，孩子们直摇头。

"真真切切是一个人写的呀！"我郑重其事道，"由此说明，我们每个人都是有能力写好字的，关键在于态度！"孩子们使劲点头，"孩子们，字不仅关乎外貌，还是一个人思想、情趣、性情等的折射。所以写作业是一门艺术，打造好你的作业，就是打造自己的名片！"

二、随机换作业——给学生一次震撼

放学时，我站在讲台上漫不经心地让孩子们把作业本传上来，然后宣布："孩子们，今天我们用别人的本子做作业！随机发，要是自己的主动交上来！""啊！"顿时教室里风起云涌，一些孩子捶胸顿足，一些孩子双手祈祷："啊，千万不要发一个作业写得马虎的给我！"

"谁拿到我的本子千万不要说倒霉哟！"

"我用别人的本子做，不认真做怎么好意思！"

紧张的分发工作开始啦，有孩子提议本子从背面发！大家都对这个作业本"易主"十分在乎。也有孩子窃喜得到了想要的同学的作业本！

"啊，我得到的是肖友涛的，你呢？"大家都关心拿到的是谁的作业本，有孩子干脆告诉对方："我拿到你的作业本哟！"有孩子千叮咛万嘱咐："我的作业本可要认真写！"同伴督促的力量很是强大。

我则"煽风点火"："孩子们，用别人的本子做作业，你的字迹会永远留在别人的本子上，是不是应该留下个好印象呢？"我故意挤眉弄眼，"如果男同学得到的是女同学的本子，你该怎样在本子上留下好印象呢？"有孩子开始叫苦连天。但我相信，今晚家庭作业的质量应该会有所提升。同时我还布置了一项任务：请大家写一写"替别人做作业的感想"。

三、写易本之感受——给学生一份体验

事后，刘宇航的家长打来电话说："吴老师，孩子昨晚写作业可认真啦，很晚都没有睡觉，一直在做作业。"我一听，明白了，孩子们宁愿挑灯开夜车也会认真地完成好写在别人作业本上的作业。

早上，我迫不及待地打开大家的作业，大多数孩子的作业都比平时认真得多，我急着翻开孩子们的随笔本，发现平时马虎的同学变得认真起来，平时认真的同学更加认真。我喜上眉梢。孩子们在随笔里细微地描写了"易本之感受"：

第一次这么光明正大地为别人写作业，手抖，还是手抖……像下了很大的决心似的，终于工整地完成了第一个字。

——吕书洁

拿着别人的作业本，又兴奋又紧张，也很激动。生怕自己写错了，把鲜红的叉叉留在别人本子上，那样别人会怎么看我呢？

——彭柳媛

我有些字词不太会，就连忙去查，本来是预习，也不知道哪些题答到了要点上，但已经尽力做到最好了。我这次分到的作业本是杨玉玲的，她的字可是出了名的工整。所以我写字时，小心翼翼的，一笔一画，尽力工整，希望效果不错。

——肖琪琪

四、谈作业回家感——给学生一份收获

我仔细看了大家的作业，发现：平时优秀的同学一如既往地认真；男同学拿到女同学的作业本改观很大；后进同学拿到优秀同学的作业本改观很

大；同学拿到和自己旗鼓相当的作业本，比较着做；后进的同学拿到后进的同学的作业本，改观不大。但总体上，大多数孩子比以前更加认真仔细了。

我想把本子交给真正的主人来评价，以此增加这次"作业易主"的效果。我让同学们亲手把作业本还给其真正的主人。孩子们物归原主时，相视一笑。

当大家拿到自己的作业本时，有惊讶的、愤怒的、沮丧的……

大家各有各的想法，于是，我让大家分享感受。

李朵站起来，小声地说："老师，我的作业是杨玉玲做的，看到那么工整的字迹，还有每道题都做得那么认真，再想想自己，她给我做了个很好的榜样。"这是把作业本交给了优秀的同学的。

吕书洁站起来说："看到自己的作业本后才真正懂得，每件事情都要全面考虑，不能以偏概全。拿过王思豪的作业本，我震惊了，这真的是他的作业吗？方块字都是工工整整的，旁边的同学看到我的表情，把他的作业抢过去看，说：人生真的好多颠覆呀！"教室里顿时爆发出大笑声。

"老师，我不满意我的作业！"柯忆佳悻悻地说，"我的作业本创下了一个新的历史纪录呀！做作业的人专挑会的题做，不会的全部空着。"这是一个优秀的孩子面对一个后进孩子给她做的作业的感受。

肖友涛的脸刷地红了，不好意思地嗫嚅着："我是怕我的水平把你的作业本污染了，所以不会的就空着没做！"我理解地拍拍肖友涛的肩膀，虽然作业改观不大，但至少懂得自尊的重要，也是一大收获。

杜心雨也开始发表自己的见解："老师，我看到作业本上的字，差点崩溃了！我以为刘宇航同学对我有意见！"同学们笑逐颜开，这是两个旗鼓相当的同学，从"对手"那儿看到自己的弱点更让人清醒呀！

最后，我总结道："通过这次的作业，我们认识了自己，也认识了自己的作业，做作业如做人，为何我们不把自己的作业打造成作品来欣赏呢？我们是愿意自己的作业让人赏心悦目，还是怨声载道呢？关键是自己的态度！"同学们都默默地点点头。

五、导纵向思考——给学生一份内化

有了做别人作业和自己作业被别人做的感受后，需要慢慢指向内在的自我。

我开始提问大家平时是如何做作业的。

董林嗫嚅着，不好意思地说："我以前作业总是乱做！"

"我现在终于明白作业乱做，老师为什么要生气了。英文字母看不懂，作业多的时候，就开始乱做！"罗亿懊悔地摇摇头说。

"孩子们，大家都了解'蝴蝶效应'吗？"

"知道，就是一只蝴蝶扇动了一下翅膀，就引起飓风，最后引发了一场灾难！"周绪洋抢着说。

"对，周绪洋很聪明，我们做作业的目的是为了检验大家是否掌握知识，如果我们马虎了事，会有什么后果呢？"我一边引导孩子们，一边在黑板上用箭头画着。

"就会不知道自己有没有掌握知识。"

"然后呢？"

"就会在考试中失败，长期这样会养成敷衍的习惯！"孩子们顺着思路继续思考着。

"俗话说习惯决定成败，这会影响到我们的人生成败！"我继续总结道。

"老师，看来认不认真完成作业，可以反映一个人的生活态度问题！"彭柳媛说着。

听着孩子们不断地反思着，总结着，我知道他们更加理解这个问题了。

六、"作业换装计"——给学生一些策略

最后，我根据大家的实际情况，进行了分组讨论，制定了一个"作业换装计"策略。

孩子们的"作业换装计"分成两个部分：一是"量体裁衣"——自我管理，二是"集体包装"——小组监督。

孩子们的"量体裁衣"很有意思。

彭柳嫒根据自己的情绪制定的规则：

（1）做作业前调整情绪，暗示自己要认真完成作业。

（2）做作业时，不抱怨，要乐观！

卢新宇从字迹书写上制定的规则：

（1）我先把字写好，每天认真练字 10 分钟。

（2）时刻提醒自己：不马虎。

向蕾说的是遇到作业中有不会做的题的处理方法：

（1）以后作业中不懂的题目，一定要好好向人请教。

（2）和别人做的好的作业进行对比，让自己产生向上的动力。

当然"集体包装"小组也各有特色。

"小组每天下午检查一次作业。如果大家发现一次，集体提醒。"

有的小组是升级制：

（1）如果一周有一次没有认真完成作业，就请全组人员吃棒棒糖。

（2）如果一周有两次没有认真完成，就请"客薯恋"。

（3）三次就请喝酸奶。

（4）四次就请吃一顿。

有了这些规则后，我明显发现孩子们做作业的态度更加端正了。当然，做好作业是一个长期的过程，我们需要不断地提醒孩子。孩子们，期待你们的作业一直这样美下去！

14 趣味早自习开发

——创意早自习激发生机活力

一天，早自习时，初夏的太阳慵懒地爬过窗户，孩子们似乎也跟着慵懒起来，有的趴在桌子上，用手撑着头，有的目光呆滞地看着英语课本。课代表正热情地招呼大家一起早读，孩子们却无精打采——咿咿呀呀地读着。

怎么办？看来进行有效有趣的早自习开发迫在眉睫。我便和课代表一起商量着改变早自习的形式，"趣味早自习开发"得以诞生。

一、单词大比拼——给竞争一个快乐的理由

第二天，英语早自习改版成了"英语单词大比拼"。课代表杜心雨大步流星地走上台，狡黠地一笑："今早……嘿嘿……我们来个小游戏！"

雨涵开始睁开眼睛，疑惑地说："我有一种不祥的预感！"

"是吗？有不祥预感？大家只管期待今天的惊喜吧！"我挤眉弄眼地故意逗孩子们。

课代表风风火火地开始安排："下面我们分成两个队，男生女生各一队，我说英文，你们来猜中文，输的人要大喊：大哥，我服了！"

大家受到了鼓舞，男同学"呼啦"一下抬起头："比就比，谁怕谁呀！"女同学也毫不示弱！死气沉沉的早自习焕发出生机。

男生把手臂张开，靠在后桌上，女生直勾勾地盯着课代表，粗气都不敢喘。只要课代表单词一出口，大家都争着回答，学习的热情高涨。男女同学都铆足了劲，互不相让。我是看在眼里，喜在心里。

比拼结果是：男生胜。愿赌服输，女同学撇着嘴，不情愿地嗫嚅着："大哥，我服了！"声音细如蚊吟，男同学可不服气了，扯着喉咙嚷嚷着重来。女同学一扫平时的温文尔雅，站起来，狠狠地瞪了男同学一眼，说：

"我们明天的早自习会赢回来的，别得意得太早了！"大家都斗志昂扬，看着他们生龙活虎的样子，我是喜不自禁。

二、你比我画大家猜——给学习一个好玩的支点

有了第一次的"单词大比拼"，孩子们对早自习有了期待。可时间一长又开始偃旗息鼓。

我便推出了"你比我画大家猜"的游戏：由两个课代表配合进行，一人表演，一人画画，大家负责猜。

第一次，男课代表一马当先。单词是"monkey"（猴子），男课代表两手向前，放在额前，做了一个孙悟空的标准式动作。男同学抢先一步，大声吼道："monkey！"女同学没抢着，气得直跺脚。

第二次，女课代表上台。只见她先画了一个不规则的圆，在里面又画了一个根本不圆的圆。大家瞪大了眼睛嘟囔："这两个圆是什么东东？"我看着更是傻眼了，两个圈？女课代表还故意说："哈哈哈，我画得是不是很逼真！"她双手叉腰，仰头大笑，同学们则丈二和尚摸不着头脑。

女课代表故意不耐烦地说："好了好了，告诉你们 This is CD！"台下笑倒一片。

两轮过后，大家都按捺不住了，争着上台表演，抢着上台画画。当拿到题目的那一瞬间，几十万个脑细胞一起开动，同学们时而意气风发，时而捶首顿足，时而手舞足蹈。结束时，输掉的一方还不忘打趣地说："我胡汉三会回来的！"整个早自习真是活力无限！

三、"多轮多"诗词赛——给生命一个崭新的高度

英语早自习得到了开发，语文早自习需跟上步伐，"多轮多"诗词抢答赛由此诞生。

这天，语文课代表气宇轩昂地走上讲台，宣布了"多轮多"抢答赛规则："同学们，我们的'多轮多'诗词赛有三轮比赛，男女同学进行比拼，抢答时注意：（1）先回答的计1分，后面跟答的不计分。（2）一句诗词计1分。（3）没有抢答到的同学不能进行人身攻击。（4）三局两胜算成功。

（5）注意纪律，不然扣纪律分。"宣布完毕后，孩子们摆出战斗的姿态。

第一轮是限时作答，计时2分钟。只见课代表不紧不慢："商女不知亡国恨……"

"隔江犹唱后庭花！"孩子立刻开抢。

"万籁此俱寂……""但余钟磬音！"现场热火朝天，抢答到的同学眉飞色舞，没有抢答到的捶首顿足，仰天大呼……

女生们一共答对了11道题，男生们才答对5道。输掉第一轮比赛的男生们已压力山大。

第二轮是抽号答题。课代表走下台，让同学们抽签。张洪睿被叫到，怔怔地站了起来。

"老骥伏枥，志在千里——"

"烈士暮年，壮心不已！"

"对了！下一个，31号！蒹葭苍苍，白露为霜……"

第三轮是自由抢答。这一轮更是风起云涌，难度也越来越大。大家跃跃欲试。

"天时不如地利——"

"地利不如人和！"杜心雨脱口而出。

"域民不以封疆之界——"

"固国不以山溪之险，威天下不以兵革之利！"男生张星抢先回答。"两军"到了白热化阶段……

最终男生以1：2输掉了比赛，男生开始唉声叹气起来："唉，都怪我们平时没有好好背诵诗词，看来我们要加把劲了！"

"嗯，今晚加把劲，明天赢回来！"男同学们互相打气，互相约定，暗暗较起劲来。不用老师强调，也不用三令五申地要求，他们就自觉复习。

比赛结束时，课代表还戏谑地说："老师，下一次要不要也加入？"我连连点头："好好好！"

看着孩子们的表现，我不禁感慨：我们总是抱怨学生早自习不主动，但当我们从学生的兴趣点去思考、去改变早自习的形式时，我们发现只需要改变一点点，创新一点点，走出改变一小步，状态提升一大步！

15 神奇的借箭行动
——创意榜样为行动保驾护航

模仿学习有"由近及远"的规律，而适合青少年榜样学习的规律依次有这么几类："和自己差不多的榜样""作为优秀典型的榜样""榜样化的偶像"。孩子如何学会找榜样？且看神奇的"借箭行动"。

一、煽动氛围——情绪唤醒

在谈及本周计划时，我借机推出了"借箭行动"。

"哪个'箭'？"孩子好奇地问道，"'借鉴'，还是'借剑'？"

我便问大家知不知道《草船借箭》的故事。

喜欢看书的曹昆争着讲出了故事："知道！就是周瑜本想陷害诸葛亮，故意提出限十天造十万支箭，机智的诸葛亮一眼识破这是一条害人之计，淡定表示'只需三天'。后来，有大雾天帮忙，他利用曹操多疑的性格，调了几条草船诱敌，最终借足十万支箭，立下奇功。"

"对，同样的，我们也要善于'借箭'。向身边的同学、老师借，把他们的优点看成箭。每天自己去借箭，用随笔的方式记录下来，看哪些同学能够在本次借箭活动中有所收获。大家今天找找自己的借箭对象吧！"

孩子们对这个活动很感兴趣，好不兴奋。

二、找"借箭对象"——榜样选择

有这样一句话："做对的事情比把事情做对更重要。"其实这里的"对的事情"就是目标，找目标，就是给自己找一个榜样。

我引导孩子们根据自己的不足，找一个可以学习的对象，也就是自己的

"借箭对象"。孩子们有找老师的，有找好朋友的，更多的是找班上的同学。

向蕾是这样描述"借箭对象"的："时间规划学习对象——周庭宇，学习她合理安排时间，并观察她下课在做什么；学习勤奋对象——王孙燕，学习她的勤奋刻苦和坚持不懈。"

三、思"借箭对比"——榜样认知

找到"借箭对象"后，将其和自己进行比较，比较自己和榜样的差距。由相似性激发认同，让孩子们学会积极归因，懂得缩短差距。

孩子们可谓是各有千秋。有的孩子把自己的"借箭对比"画成气球的样子："与曹昆对比，发现自己没有全身心地投入学习。"

"与张鑫对比，发现开学时的进取心不见了，取而代之的是骄傲自满。"

有的孩子分析得更加透彻："性格开朗的他这次学习又进步了，我呢？怎么还在松懈中。"

我发现孩子们只看到了自己的不足，于是引导道："每个人都有优缺点，我们可以找到自己的优势，发挥自己的优势，学习别人的长处，来弥补自己的短处。"

孩子们通过引导后，继续冷静地分析："我的优势是上进，好学，她的优势是细心，我就向她学习细心。"通过步步引导，不断完善孩子的认知。

四、定"借箭线路图"——榜样效仿

有了"借箭对象"和"借箭对比"，孩子们较全面地了解了提高自己的切入点。接下来，就要制订专属的"借箭计划"，我要求孩子们定出具体的学习对方的实际方法和完成周期。

王子怡的计划很是明确："目标是认真做事，把每一件事情做好。我的借箭对象是周庭宇同学，她是个做事踏实，让同学舒心、老师放心的同学。我发现自己和她一样文静，就是没有她持之以恒的精神。所以我准备从这几个方面向她学习：

第一步，自己没有弄懂的地方向老师们请教，直到弄懂。第二步，像周庭宇一样把知识学得深入，鼓励自己深入思考。第三步，上课注意力集中，

一步步慢慢地提升。整个计划完成时间：一周。"

班上的易红同学制定的目标是："保持内心的安静。第一天，观察王子怡同学如何做到内心安静的。第二天，克制自己，少说废话。第三天，如果自己做到了就奖励自己，如果没有做到，就惩罚自己。第四天，可以准备好一个本子，记录自己说废话的次数，逐步提升自己。"

看着孩子们的计划各具特色，我欣慰万分。

五、做"借箭行动"——固化行动

任何计划定得再完美，都不如行动起来。我要求孩子们对照着自己的榜样，开始踏实落实。

东红生性好动，今天一直看着自己的榜样。上课时，只见他本想和同桌说什么，突然看到自己的"借箭对象"王子怡一直安安静静地坐在座位上，他吐吐舌头，马上回到座位上来。我悄悄地观察着，心里窃笑：这小鬼头！

中午时，我问孩子们感受如何。

"老师，今天是我最认真的一天！"

"老师，我从来没有这样投入过！"

"我做作业时，只要想乱做的时候，看看自己的榜样，这种念头马上就打消了！"

"孩子们，继续坚持哟！"我右手抬起，握紧拳头，以示加油！

一天结束后，我把孩子们的随笔收上来检查，发现大家的收获各不相同。大多数孩子很有收获。看来，榜样的力量是无穷的。

六、思"借箭遗憾"——行为强化

有了行动后，更为重要的是总结，引导学生积极归因，提升他们的自我效能感，才能够更上一层楼。

有人说"反思"是陶冶原料的熔炉，是炼钢的电火。一个问题或一种现象，经历了反思的过滤，就不会是瞬息破灭的肥皂泡；过滤提炼后的思想、观点，永远像泉水一般，不断地往上涌。所以，我们要鼓励孩子们反思自我。

孩子们反思了自己和同学的差距，一个孩子说："上周我提到了钟鹏同学，我要学习他做事热情主动，上课回答问题积极，但我并没有落实到实际行动上。我上课总是不敢回答问题，每次都是老师抽到才回答，这说明我学习不主动，这一点也是我进步不了的原因。"还有的同学反思了之后，提出了另外的方案："这次借箭行动，经过反思，我总结出以下几点：（1）不能将自己所学的知识点联系起来。（2）没有一个好的学习计划。（3）上课不积极回答问题。（4）课后没有及时复习，遗忘加快。"

孩子们的反思，或深或浅，或短或长，不管怎样，都是一种收获。

七、续"借箭总结"——榜样延伸

七天的借箭活动就要收尾了，为了让孩子们把借箭活动的"借鉴—比较—行动—反思"一直循环反复下去，我鼓励他们把总结进行到底。

我先谈了总结的好处："孩子们，为什么有些人容易忘记过去，因为他们没有记录；为什么有些人无法把握现在，因为他们无法专注；为什么有些人难以相信未来，因为他们不知如何进步。"孩子们似懂非懂地看着我。

"总结起始于记录，总结的过程能让我们更加专注，总结的结果会让我们懂得自己该如何进步。孩子们，我们开展的借箭行动，每天的记录都是总结，因为总结是概括能力的反映，是反思能力的呈现。如果说一个人的行动是阅读，那么总结就是调整自己脚步的思维。所以我们的借箭行动就是一个不断地调整自己、不断地进步的一个过程，我们需要把总结一直延续下去。"此时孩子们算是真正弄明白了我的用意。

孩子们结束了一个"借箭行动"，又开启了新的"借箭行动"。正如一个孩子的总结写道："以前，每当老师提问时，同学们都会纷纷举手，但我不敢。后来老师为我们制订了一个'借箭计划'。我就学习曹昆敢于举手发言，只要老师在课堂上提问题，我就会快速地思考这个问题并积极发言。时间长了，我举手的次数变多了，便觉得这不过是一件非常简单的事，也使我战胜了自己。接下来，我将提高对自己的要求：注意回答问题的质量，让自己的思考更透彻！"

16 一日连锁店

——创意常规营造乐学氛围

养成教育的重点就是学习习惯的养成，那如何促进学生学习习惯的养成呢？我班围绕"逐梦"这一中心，将常规形成一条锁链，从而组合成班级"一日连锁店"活动。

一、逐梦课堂——每日一答有头有尾

课堂是学习生活的主阵地，所以学习常规的第一要领就是提高听课效率。如何提高呢？大家一致决定在课堂上多回答问题。

我先给大家讲了上课与回答问题的关系："一个人回答问题，说明他在思考。学习需要思考，敢于大胆回答问题的孩子就能锻炼自己的思维能力。只有跟着老师的思路走，才会有学习效率，不然作业成问题、背诵成问题，学习就会形成恶性循环。"

此外，我们还做了"每日发言登记录"。我们的值日生专门登记每天每个孩子的发言次数。在下午暮醒时，值日班长公布一日回答问题的结果。对于没有回答问题的孩子，班级自管会讨论认为：第一次可以原谅，但是第二次或多次不发言，说明存在思维上的惰性问题，需反思自己的发言习惯，还需要为大家服务——打扫教室卫生。

到下午总结的时候，又出现一个新情况——有的孩子说举了很多次手，但没被选中。此时，我们就需要灵活地处理，分析具体情况进行讨论决定。

二、逐梦励志——班级语录浑然一体

每天早上，为了大家一整天都能激情澎湃，我要求孩子们先书写自己的励志语，然后再进教室上自习。

后来孩子们养成了习惯，我常能看到逐梦班的孩子秩序井然地在教室走廊上自觉地写着什么，那就是孩子们在给自己补给精神养分。

接着我们选出当天最优秀的班级语录，书写在黑板的最上方。

然后，每堂课前，大家举起自己的右手，进行每日宣誓励志，宣读的内容就是黑板上书写的励志语录。

最后，我们将班级语录整理出来，发在我们的班级刊物上。

当孩子遇到困难的时候，他们懂得用自己的励志语言激励自己！

三、逐梦课间——争分夺秒，持之以恒

课间，是用来调整状态的，但教室里往往太吵闹，于是我们给"逐梦课间"提出了新规——保持安静，静以修身，静能生慧。

下课后，值日班长示意大家轻声说话。教室里有几个孩子正想大声喧哗，但想想我们的逐梦课间，他们不好意思地吐吐舌头，然后安静地坐下来。

保持安静是基础，我们还要提高课间利用率。课间只有 10 分钟，除去上厕所的时间，剩下的时间大家能做点什么呢？最后大家一致认为：可以来解决上堂课的疑难问题，准备下堂课的听写。

商量好逐梦课间该做的事情后，班上的同学一下课，就一窝蜂地涌向讲台去问该科没有搞懂的问题。

实施了逐梦课间后，班上同学喜欢问问题的越来越多，提高了写作业的效率，也锻炼了自己利用零碎时间的能力！

四、逐梦暮省——反思习惯，有始有终

吾日三省吾身，一个懂得反思的人，才会有成就。

下午，大家反省总结今天的得失，主要包括："心情 PH 值测量""给自己的每堂课进行评价""给自己的逐梦课间打分""总结得失""明日计划"。

孩子们每天根据自己的情况进行"暮省"。这就是梳理当天得失的关键。

每天坚持反省，让孩子们知道了自己的不足，同时，能够更有目的、更有针对性地投入第二天的学习。

下午的时候，就是班级的 Show time 时间，我们把当天做得好的孩子，选入班级的"逐梦先锋队"，"逐梦先锋队"里做得最好的同学当选班级的"每日一星"，我们那一天以这个孩子命名，比如"袁飞日"，这样不断把孩子们慢慢打造成班级榜样，最后实现每一个孩子都是榜样！

五、逐梦清洁——态度习惯互相对照

一个人的生活习惯和学习是有关系的，能做好清洁，能过好生活的人才能搞好学习。

这里有个有趣的故事，我们班和邻班搞了一个"一挑一挑战"，互比清洁，互相学习，互为榜样，互相监督。

清洁委员提议每天比清洁，大家一起商量怎么个比法。肖友涛站起来说："我们来个'门口大亮相'，负责登记每天的清洁分数，然后贴在教室门口，这样大家就知道我们和 7 班的差距！"

一周后，门口上赫然贴着一张钢笔字书写的作业纸，上面登记着我们班和 7 班的清洁分数对比，我们班的分数每一天都比 7 班要低。

"我看着上面的分数，仿佛在嘲笑我们！"有同学嘟囔着。

"7 班的同学从门口经过的时候，总是别有意味地笑笑。"孩子们互相议论着这一周的分数！看得出，"门口大亮相"深深地刺激了孩子们的自尊心。

第二周，清洁委员发自肺腑地说："这周我们一定要认认真真地做好清洁。这周要还是输了，多没有面子！"

果然，大家都不约而同地铆足了劲。擦黑板的李红把黑板用湿抹布擦了一次，反复瞧了瞧，再用干抹布擦了一次；云徐拖地，重重地拖了一次又一次；黎馨余把空调擦干净后，用手反复拭揩着检查有没有灰尘！

我也不失时机地教育孩子们："大家如果在学习上也是用这样精益求精的态度，没有学不好的！"

大家都期待着本周的结果会怎么样！到了周五，"门口大亮相"又开始了，我们班这次没有被扣分，7 班有一次扣分。肖友涛公布道："本周清洁 5 次，我们班没有扣分，7 班有一次扣分，我们班赢！"孩子们兴奋地看着这张同样是不规范的作业纸，却发现了不同寻常的意义。

17 考后锤炼术
——创意反思延伸考试效果

月考成绩揭晓后，采取表扬表彰或者孩子们自己简单写写总结的方式，真的能起到把测试的价值挖掘出来，用来指导平时的学习的效果吗？如何作好考后反思呢？

一、反推式引导——总结得失

拿着月考成绩单，我比较了孩子们上次和这次的考试成绩，发现有的进步很大，有的退步很多。

孩子们迫切想知道自己的成绩，我则不动声色，不慌不忙地打开话匣子："孩子们，月考成绩出来了，但这次不公布，让大家自己评判自己！"孩子们正襟危坐，面面相觑。

"洪忆，你觉得自己这次是进步了还是退步了？"我笑着问。

"可能是退步了。"他小声地嗫嚅道。

"为什么？"

"我觉得这段时间上课时会开小差，注意力不集中。"孩子低着头。

"看来过程决定结果。"我微笑着说。孩子们看着洪忆，若有所思。

我又问了李明瑶同样的问题。

孩子自信道："我感觉这次做题比上次顺利得多，感觉要好得多。"

我引导道："你感觉顺利原因有二。一是自己运气好，考的都是自己会的；二是自己这段时间的学习比较退步，该掌握的都掌握了！所以大家不能仅看表面上是进步还是退步，要分析背后的原因。"孩子似懂非懂地点点头。

"请同学们猜一猜王子怡是进步了还是退步了？""肯定进步了！"孩子

们异口同声。

我有些纳闷孩子们为什么那么肯定。

"因为她平时学习很努力，不懂就会问老师。"曹昆抢着大声说。

"看来大家知道什么样的行动才能让自己成功！田洋，你觉得这次考试你是进步了还是退步了？"我笑着问，他却低下了头。

"老师，他应该是退步了。您不知道，他这段时间表现得很反常！"有孩子抢先说。田洋把头低得更低了。

"孩子们，过程决定着我们的结果，这次田洋的成绩确实下降了。那他该怎样行动起来？"

"如果他有意识地好好做作业，可能成绩就不会下降！"

"孩子们，考试有很多不可估计的因素，但有一点可以肯定，那就是至少我们要把过程做得更好，让自己更心安理得，让自己不会后悔！"孩子们使劲地点点头。一次简单的月考总结已经在潜移默化中完成了。

二、烧纸实验——激发内驱力

每次考完试，总有孩子情绪不佳，怎么办？我做了个烧纸实验。

孩子们看着我手里拿着三张纸巾，好奇地打探道："老师，您要干什么？"

我笑着说："做实验呀！今天我们在教室里玩火！"

大家惊愕地看着我。

我拿出一张弄湿了的纸巾，大家认真地看着。

"孩子们，我想把这纸巾点燃，你们觉得可能吗？"

"不知道！"

"试一试！"

我拿着打火机试了好几次，都没有成功。我又拿出另一张干的纸巾说："这张没有被打湿的纸巾，你们说能不能燃烧？"

"肯定会！""当然哟！"

"咱们眼见为实吧！"我开始点燃它，火苗一下上来了！

"老师，要注意安全，燃得好快！""火好大！"

我把纸扔了，火苗仍然烧得很旺。大家惊讶地看着红火苗升腾。

等火苗熄灭后，我问大家："你们有什么收获？"大家陷入了沉思。

我语重心长道："孩子们，你们就像这纸，如果因为考试把心情弄湿了，那我无论如何也没办法把你们燃起来；如果你们胜不骄败不馁，不管考试结果如何，都保持热情，那么，一点就会燃烧。所以，越是疲软的时候，越能看出人的内驱力。激情靠自己点燃，我们永远叫不醒一个不愿意醒来的人，只有自己愿意努力才能取得最后的成功！"教室里静得出奇，同学们若有所思。

我拿了张半湿半干的纸巾，示意孩子们将它点着。当我把火苗触碰到湿的一面，它没被点燃。换成了干的一面后，我问："大家看有没有变化？"打火机一接触，火苗又腾地一下子燃起来。

大家都目不转睛地看着我手里的纸巾，我继续引导着："大家看，如果你因为考试失败就一蹶不振，那么心情就会永远潮湿下去，无论怎样的热情都不能把你点燃；如果你不受失败的影响，只要对自己有信心，那么你也可以被点燃！"

"老师，这三张纸像三种人，"陈芷新激动地说，"全干的纸像有正能量的，可以点燃自己的人；打湿的就像充满了负能量，容易随波逐流的人；半干半湿的像可以被正能量感染，也可能被负能量影响的人。所以自身的力量非常重要！"

"太棒了，有自己的领悟了！"我赞许地点点头。

三、打造学科教研组——实施策略

通过考试总结，我们准备开始查漏补缺，从打造学科教研组开始。让班级里各个单科成绩优秀的同学组成教研组，由各科课代表担任"教研员"，把各科偏科的同学联合成"帮扶对象"，实行帮扶政策。充分给予每个教研组自主性，激发他们的积极性，每组自定策略自己落实。考核方式：以学科成绩进步为标准。

于是，各个教研组如火如荼地成立，并迅速商讨、制定相应的对策。

如英语组：

英语教研组长：杜心雨

教研员：袁飞，张星，柯忆佳，肖琪琪，李乔曦，杨玉玲，黎馨余

重点帮助对象：王敏，陈尧嘉，王朵，程鹏，姜燕，喻小陈

教案：

（1）分组落实：每天英语教研员到英语教研组长处汇报当日总结情况，组长登记做得好的和有待改进的。

（2）英语记单词时间。课后，由英语教研员带着大家记，记好了的就可不用记，听写情况见分晓，没过的依旧到教研组长那登记。

（3）英语记句子，直接到老师分配的教研员那里记，课上老师会检查。英语教研员核对有无重点帮扶对象，若有，督促他们背完。

（4）英语作业完成情况：由英语教研员检查后写在单子上交于英语课代表处登记，没完成好的按老师说的做。

（5）英语课上情况：由英语教研员帮助提醒，不仅是举手发言情况，还有观察他们是否开小差、走神、打瞌睡，如有上述情况，下午进行总结。

（6）英语问题情况：不懂就问，可以问老师，也可以问学科领头人。请不要以完成任务的心态对待，我们会从大家的作业订正情况来看大家是否把不懂的搞懂了。

历史教研组也毫不示弱，直接行动上见分晓，历史教研组组长每天早上用小黑板把任务布置出来，当天分给各个组员。下午，进行天天清，个个过关，签字为证。

生物教研组也是各显神通，研究题型，出考试题目，进行考题分析，大家干得是热火朝天。

其他教研组也都行动起来，好不热闹。

不过，新的问题出现了，每个教研组都在布置任务，同学们已经是顾得上东顾不上西，课余时间被瓜分得一干二净。于是教研组长们又共同商定，以一周为单位，分配每个科目的时间，将时间和任务进行科学化管理。

教研组在考试后实施帮扶，大大保证了大家考后的热情不减退，同时互相帮扶，做好了查漏补缺工作。

期末考试，我们班大获全胜，由入学时的倒数第一名跃居为正数第一名。这是学科教研组的魅力，更是考后总结的作用！

18 四渡赤水出奇兵

——创意处理化解长期迟到问题

班上的 DL 同学，老是迟到。分析情况、和家长联系、罚做清洁、罚写"我不再迟到"等方式都用过，仍无济于事。班干部已到了黔驴技穷的境地，如何是好？

今早他又迟到了。看着空座位，我思量着，对于长期迟到的孩子，更需要一点深入骨髓的震撼。

一、制造惊吓——出其不意中唤醒自我

我指着 DL 同学的座位，轻轻地问大家："哪个同学愿意把 DL 同学的板凳搬到门口去？"

曹昆马上主动地搬走了桌子。

"不用搬桌子，搬走板凳就够了。"

"老师，你要干什么？"

"不干什么，就是给他变一变位置，坐在门口而已。"我嘿嘿笑着说，"反正 DL 同学喜欢在外面逗留，今天我们暂时就让他在门口坐一坐。"

有的同学恍然大悟。

"要不，我们给他做张名片！"我提议道。

"我来！"有孩子已经开始在白纸上写着 DL 的大名，一会儿，名片也耀武扬威地摆在了板凳上。

有孩子提议要幽默一点，另一个孩子已经开始在大白纸上画着笑脸，还配上文字："哈哈，今天就坐这儿啦！"孩子们都兴奋地出着主意。大家快速地把写好的幽默大纸条放在了板凳上，翘首等待着 DL 的到来。

终于，DL 提着书包悠哉游哉地走来了，正准备像往常一样往教室里冲。我从容不迫、不慌不忙地拉住孩子的手，示意他看看门口板凳上的名片和大纸条。

他先是一愣，继而明白过来，脸一阵白一阵红，然后又装出一副无辜的样子："老师，我闹钟没有响！""我知道你闹钟不会响。"我笑眯眯地看着他，教室里顿时一阵哄堂大笑，"那以前迟到什么原因呢？""以前……"他顿时语塞。

二、历数症状——雪上加霜中认识自我

DL 开始反抗："我又没有迟到多少次！"

我睁大眼睛。

我示意管迟到的"迟到警察"出列，"迟到警察"马上公事公办，仔仔细细地翻看记录表，一本正经地说："9 月 5 日中午迟到一次，9 月 8 日早上迟到……"DL 的嘴巴张得大大的。

"迟到警察"还在翻看着："10 月……"

DL 眼神开始闪烁，脸色凝重下来。我若无其事地站在旁边，瞟了瞟他，随着"迟到警察"念出的迟到次数越来越多，他不再像刚才那样"气宇轩昂"，此时已经是霜打的茄子。

"共计 26 次。"孩子完全偃旗息鼓。

我偏着头，问孩子："迟到次数够多吧！"孩子显然默认了。

三、给自己写信——回望体验中反省自我

为了让孩子能够深刻认识到自己迟到的原因，我把他叫到办公室，和他一起回忆了迟到的经过，分析了迟到的原因。但是任何人的分析都不能代替自己的思考，我便要求他给自己写一封信，信件的内容就是剖析自我。

这孩子还是挺聪明的，一会儿工夫就给自己写了一封像模像样的信。

给自己的一封信

DL：

你好，今天给你写一封关于迟到的信。你上学经常会迟到，你就不能早一点来学校吗？如果早一刻钟起床，加快速度，就可以保证早一点到学校。

你可以叫你的爸爸妈妈买一个手表呀，看着手表上的时钟，就告诉自己：快点，时间快到了！这样经常提醒自己就不会迟到了呀！

你每天都是半夜才睡觉，如果早一点睡觉，就会早一点起床，这样也不会迟到。

有时候你起床也很早，就是喜欢在路上和其他人说话，如果不在路上逗留，也不会迟到的。

为什么有时候你不迟到，说明你能早一点到学校的，我知道你做得到，关键是自己有没有这样的决心。

我相信你，DL。下次一定不会迟到，你可以做到的，一定可以的！

写信人：DL

2016 年 11 月 10 日

在给自己写信的过程中，孩子就在反省自己，懂得回望过程，剖析自己，这样的效果才会更为长远。

四、开"班红时评"——互相帮助中重塑自我

我们处理问题的目的更多是为了让全班同学受到教育，现在不是很流行"网红"吗？我们也搞了一个"班红时评"。长期迟到的 DL 早已是班级的"班红"了。让迟到的 DL 同学把给自己的那封信念出来，念给全班同学听听，对其他同学也是一种教育呀！

当 DL 把写给自己的信念给同学们听时，孩子们有哄笑的，也有沉默的，但更多的却是思考。

等 DL 把信读完后，我提议让全班同学为 DL 出金点子。孩子们很是活跃。

田红问："你每天几点睡觉，几点起床？"

DL 回答道："晚上 11 点半睡觉，早上大概 6 点 50 出门。"

"那你可以提前出门呀！"同学们马上争着说。

"那你可以早点睡。"

"可是我需要做作业呀！"

"那你给自己规定一下时间。很多时候，我发现你效率不高。"DL 的同桌开始分析道。

有同学建议他去买一个表，还建议他把闹钟往前调。听着大家想的金点子，我发现这比老师单独和他交流效果好得多。

大家互相分享着不迟到的经验，听着孩子们兴奋而快乐的声音，我很是欣慰，这不就是我需要的效果吗？互相影响，互相熏陶。

我总结道："孩子们，什么做作业导致睡觉时间晚，什么早上无法起床，其实归根结底都是因为自律能力不够。只要我们有意识提高自律能力，相信会做好更多事情的。"

接着，大家兴奋地表达了这件事对自己的影响。周庭宇说："通过这次'班红时评'，我明白了做什么事情都要提高效率，学会自控。"

赵详辉说："我们要学会约束自己！"

向蕾表达了对时间的看法："我们要利用好零碎时间，让自己尽量先紧后松，把事情尽快提前完成，才不至于迟到。"

看着孩子们眉飞色舞的样子，我发现，一个糟糕的事故，已经变成了一个美丽的故事了。

第四辑

家校沟通微创意：家校合作变成魅力期待

苏霍姆林斯基说："最完备的教育是学校与家庭的结合。"家校合作的根本目的是心往一处想，劲往一处使。如果没有良好的沟通和合作形式，反而会让家校合作产生"教育干涉""责任转嫁"等负面效应。那如何使家校合作用心、便捷、高效呢？

19 把家长会准备成盛典

——创意准备让家长耳目一新

心理学家认为，情境对人有直接刺激作用，一定的环境有一定的暗示作用，因此我们要精心打造家长会的环境，营造隆重热闹的氛围。我相信，这样的家长会，会涌腾出一股极大的感染力，使家长更能感受到老师对家长会的重视和用心。那么怎样才能将家长会打造成节日盛典呢？

一、发请柬——表诚心

以前的家长会多以通知的方式下达，但总有家长因工作等原因无法出席。这次，我选用请柬的方式，以参加节日盛会的形式发出邀请函。试问：平时我们参加宴会，请柬都发到手了，还好意思拒绝吗？

后来了解得知，家长们收到请柬后颇为激动，请柬成功地制造出心理期待，结果家长们一个不落地出席了家长会。会后，有家长还特地在家校联系本上写下了收到请柬的感受："收到请柬感到十分荣耀，如此精美的请柬，看得出老师的重视和诚意。"

二、做展板——展成果

一学期一次的大型家长会，我会把这学期在学校开展的活动、孩子们的成绩、获奖的同学，及孩子们的书画、科技等作品，以展板的形式展示。让家长明白孩子在学校除了学习，更多的是在奋斗中体验生活、享受生活。而且，展板一经展出，家长会的节日气氛就呼之欲出。

三、做墙面——染氛围

把墙壁当作 T 台，围绕我们每学期的主题进行布置，让家长会主题更明确。比如，以读书为话题，那我们在墙壁上，把读书之星的照片用写意画的形式布置展现。家长们来的第一件事，就是找自己孩子的照片，找到了，那可是喜上眉梢。

同时，把每个孩子办的书香报纸也展示其中，书香报纸上有个重要的栏目，那就是每个家庭的全家福，当家长们看到自己的全家福贴在教室外的墙壁上，对班级的归属感便油然而生。

把墙壁当舞台，给予了家长与众不同的感受。开完家长会，有家长告诉我："我一走到这个走廊，就感受到浓浓的书卷气。"其实这样的文化氛围对家长也起到潜移默化的熏陶作用。

四、重布置——创温馨

教室里的布置就像一个家庭的装修和摆设，精心布置，会让家长们有温暖、温馨之感。我们曾在桌上摆放过孩子们写给家长的颁奖词、奖状，以及亲手折的小红花，家长们从未见过孩子给自己写的评价，大家可以想象得出那种内在的温暖会一直徜徉在家长心间。

当然，每次家长会的布置都会根据家长会的主题进行。比如，颁奖类家长会，我会在黑板上写上"奥斯卡颁奖会"，以示重视。感恩活动，我会在前黑板上写下"感恩生活，成长体验"等一目了然的话语；后黑板上写上"让父母因我的存在而幸福""爸爸妈妈您辛苦了"等暖心的话，把话说进父母的心坎上。

布置还包括座位的排列，有时把座位布置成圆形，有时把座位布置成 U 形，形式各样，每一份付出都能使家长读出浓浓的感动。

五、做视频——引共鸣

会前，我会给老师、家长、孩子们分别做一个视频，因为视频展示的效果远胜过 PPT 或照片。

给老师做敬业视频：内容是老师跟学生谈心，给学生辅导，和学生一起劳动、参加比赛等；还有学生给老师写的赞美语，给老师表达的心声等。当一个个画面在音乐的烘托下缓缓播放时，孩子和家长们会热烈鼓掌，每个细节都能引起家长心灵的悸动，这就是视频的力量。

给家长做家庭视频：我让孩子们把家长年轻时的照片和自己小时候的照片带到学校，做成视频，配上《时间都去哪儿了》的音乐。家长会时，当孩子们看到年轻时帅气靓丽的爸妈现在已添白发，有孩子不禁潸然泪下。家长们也在老照片中找回了曾经逝去的年华。待家长会结束，大多数家长会主动向我索要视频留念！

给孩子们做生活视频：家长到学校最希望看到自己孩子的照片。我把进步孩子的照片和孩子们的格言做成视频展出，还把孩子平时的作业，平时在校学习的情景、为班级兢兢业业服务等照片展示出来。看到自己的孩子在学校幸福地成长，每个家长都深感欣慰。同时这个视频也是面镜子，反射我们平时工作的点点滴滴。

六、重接待——送热情

我们在开家长会前，会特别重视接待工作。在接待上，我们有以下安排。

（1）引领员。分配好任务给引领员，站在家长可能经过的地方，看到家长，恭恭敬敬地走上去，彬彬有礼地说："阿姨（叔叔）您好，请问您是来给孩子开家长会的吗？请往这栋楼的四楼方向走！"同时，一路热情地陪伴到目的地，让家长们感受到热情。

（2）资料员。负责发资料的同学，将例如作业本、老师对每个学生的评价等，发放到每位家长手中。

（3）问候员。每个孩子就是自己父母的"问候员"，我要求孩子们把自己的父母领到座位上去，并说声"爸（妈），您辛苦了"。

（4）陪伴员。我赞成让孩子和家长一起开家长会，没位置没关系，有的孩子让爸妈抱着，有的孩子主动把位置让给父母坐，有的孩子到处去给父母搬板凳。无心插柳柳成荫，家长和孩子在准备开会的细节中，已增进了亲子间的感情。

七、重主题——有侧重

把三年家长会的主题都规划出来，每学期的家长会围绕某个主题开展。这样的话，每学期的家长会便给家长不一样的感受。

同时，开展主题式家长会，把家长会作为展示和升华的平台，家长既感受到学校的用心，又知道了本学期该从哪些方面努力。当然更为重要的是，三年家长会主题规划更有利于促进家校有计划有步骤地培养孩子。

从初一进校开始，我就把三年的主题进行了规划，依次为规则、感恩、读书、交往、励志和理想。

主题式家长会准备，我们分家长会筹备前期、筹备中期、筹备后期。

家长会筹备前期：布置活动、安排各项活动开展。家长会筹备中期：各项活动梳理。家长会筹备后期：会议准备。

以"感恩"主题式家长会为例。

筹备前期：开学第一天起，就在为这学期家长会做准备，布置了几个活动，如全班同学给家长写封信、为家长做件事情、给家长准备个礼物等，同时家长给孩子们回封信，并逐步开展活动。

筹备中期：进行各种活动资料的梳理，收集信件、反馈，做展板，将资料做成视频。此外还做了奖品，杯子上印上家庭成员的照片，给家长和孩子留下最为美好的记忆，在会后颁奖用。

筹备后期：备课，做课件，会议布置安排等。

所以，把每次家长会作为重大的节日来打造，需要做好充分准备，"预则立，不预则废"，有了精心的会前准备，会中才有精彩的绽放！

20 我班的花样家长会

——创意家长会搭建交流平台

一般来说，家长会由老师一人全程主持，且家长之间缺少交流，这往往让人感到枯燥且无特色。那么，到底怎样才能开出富有特色的家长会呢？

一、PK 型家长会——从竞赛中触动家长

家长有很多类：有的家长，不配合工作；有的家长，管不了自己的孩子；有的家长，遇到问题就回避……为了调动家长的积极性，形成家校合力，我们开展了一次 PK 型家长会。

孩子和家长可提前自由报名，没报名的家长担任评委，总共进行三轮比赛。

首先，比默契。"你比画，我来猜"。孩子们比画，家长们猜，从而检验孩子和家长的默契程度。我们找了很多词语——生活用品、水果蔬菜等，游戏时间为 30 秒。

大家绞尽脑汁，争分夺秒，使出浑身解数，每个词语猜的过程都引发全场高潮。

其次，比付出。父母展示付出，孩子叙述家长如何陪伴自己，然后评委打分，进行评比。潜移默化地介绍陪伴孩子的方法，引起现场家长的反思。

各组都是有备而来，张喜把爸爸喜欢看书的照片做成了视频，杜心雨展示了妈妈陪伴自己玩耍的照片，柯忆佳把一家三口出游、妈妈辅导自己的照片伴着音乐款款播放。

观看的孩子们，时而大笑，时而沉默。家长们也随之陷入沉思。

再次，比成果。孩子们把在校时的过程性积分展示出来，家长们谈自

己孩子在家里的表现，然后评委打分。当出示肖友涛的过程性积分时，他不禁感慨自己的积分少得可怜："看来我得多努力才能对得起我老爸老妈的付出哟！"……接着，家长们分别谈了孩子在家的表现。张星妈妈给大家分享了孩子在家自觉学习的照片，罗依航妈妈激动地诉说了儿子体贴孝敬自己的情节……

最后，嘉宾颁奖。算出亲子总分，评委家长们担任颁奖嘉宾进行现场颁奖。得奖或没得奖的，参赛或观摩的，每个人心里都留下份沉甸甸的思索。

无形中，我们已在班级树立了模范亲子的榜样。后来，我还让模范亲子在网络家长会上做经验交流。

二、感动型家长会——从情感上感化家长

让孩子学会感恩，感恩身边人，发起"感恩家长会"，目的是让家长和孩子间更亲近，家长和老师间更理解，老师和孩子间更融洽。

第一个环节，酝酿感动。我们出示了一个孩子从幼时到现在的照片，和一位家长年轻时和现在的对比照，在《时间都去哪儿了》的背景音乐中，大家都陷入了深思。

然后，书信传达。我选取了家长写给孩子的信念给孩子们听。有妈妈写道："回忆过去 13 年的点滴，心中不免感慨万千，孩子，你是在妈妈的期盼中来到这个世上的。小时候，你总是睡觉不离人，我一走开，你就哇哇大哭……"美好的回忆引得在场的父母簌簌流泪。

有爸爸写道："孩子，妈妈爸爸围着你转，爷爷奶奶外公外婆围着你转，但不是所有人都围着你转。总有一天，你会发现你的叛逆和任性不会有任何人去忍受。你不再是焦点，你不再受关注，甚至被忽视、歧视。孩子，这是当爸爸的担忧呀！"男孩子们若有所思。

第二个环节，引爆感动。酝酿了感动后，孩子们拉着爸妈的手，觉察爸妈为自己操劳而慢慢变老，不禁痛哭，一句句"妈妈，我爱你！""爸爸您辛苦了"冲刷着父母的心岸。于是，亲人相拥，静享温情！

第三个环节，延伸感动。孩子和家长表达对老师的爱。当主持人说："认为老师辛苦的，请举起你们的手！"整个会场上家长和孩子的手像一面

面旗。孩子们喊着感谢语向自己的老师表达谢意，家长们也不禁涌上台表达感谢……

那一刻，整个会场都沉浸在温暖的啜泣声中，大家都在感受着那份来自灵魂深处的幸福！

三、颁奖型家长会——从肯定中激励家长

家长会，颁奖是最能够肯定家长的方式。

给家长们颁奖。让孩子们给家长制作附有颁奖项目、颁奖词的奖状，放在课桌上。每位家长都能收到孩子肯定自己的奖状，如"最佳陪伴奖""理解孩子奖""最佳付出奖"……一次家长会因无声的颁奖而显得生机盎然。

给孩子们颁奖。"最佳管理奖""作业认真奖"等各类奖项由家长在家长会上颁发，这比单独下发更有分量和意义。

亲子走星光大道。让获奖的亲子携手走上教室中央，黑板上赫然写着"奥斯卡颁奖典礼"。

主持人伴着颁奖音乐宣布获奖者，家长挽着孩子，幸福地走上红毯，然后协力踩爆气球。

星光大道两旁是拿着"手板"的啦啦队，正奋力地喊着赞语。在音乐的烘托中，大家都进入了角色，相互挥手致意。

孩子和家长一起领奖。大家举着印着亲子图画的杯子，拍照留念。随之，屏幕上展示家长和孩子一起阅读、一起学习的场景，全场都在潜移默化中受到了熏陶和影响。

孩子给家长朗读颁奖词。孩子们动情地朗读着给家长们的话，眼里溢着激动的泪花，家长们也谈了自己的获奖感言，言辞里满满的感恩之情。

答记者问。同学们走上前，卷起书当话筒："你这么优秀，请问你的秘诀是什么？"每位"明星"都仔细地回答了记者的提问，有家长现场咨询了教育难题，明星家庭也一一谦虚而真诚地解答。

每个人都需要被肯定，走星光大道是一次鼓舞，同时，现场的解答是一次巧妙的"学法指导会"和"家教经验交流会"，对孩子和家长都是一次洗礼！

四、自主型家长会——从孩子锻炼中征服家长

开学不久，学校派我出去学习 10 天。又赶上家长会。困难和意外也是锻炼孩子的机会，我决定放手让孩子们自己组织家长会。

提前鼓劲安排。我物色了能力出众、极具人气的张剑，打电话鼓励他替老师开一场家长会。他稍有迟疑。"有什么不敢的，你还没尝试，怎么知道自己有多大的能耐呢？"我不断地鼓励，"你思考一下，这次家长会的目的何在？作为班干部需要家长们如何配合？你该用什么方式传达？"电话另一端沉默良许，最终开口道："老师，我上！"

家长退居幕后。我和家委会商量，请家长们担任后勤。群里家长纷纷响应，德高望重的王子怡爷爷吆喝道："班主任不在，家长更要支持班级工作！"大家张罗着家长会，分工明确，录像、记录等一一做了安排。自主家长会就这样紧锣密鼓地筹备起来了。

不在现场的我难以摆脱疑虑。直到群里有了消息：

"想不到，没有班主任也能开家长会！""孩子们的能力太强了！"

看着反馈，我备感欣慰。看看孩子们做的工作吧：

（1）确定重点。这次会议以"开学同学们的表现"为主题，目的是让家长们深入了解孩子上中学后的表现。孩子们说比班主任说更能让家长接受、信服。

（2）制造惊喜。张剑带领同学们借家长会感谢家长，给全体家长三鞠躬。孩子站在自己的家长旁边，像一棵棵挺拔的松树，一声感谢一鞠躬，家长很受感动。

（3）班干部发言。主要是课代表发言。他们表扬了大部分同学，同时对少数同学提出希望。

（4）家长发言。罗忆妈妈有备而来，从孩子习惯到家长责任，掷地有声，用家长的力量带动家长！

（5）班长总结。有礼有节，言明达意。

这场自主家长会在大家的啧啧称赞声中完美落幕！既锻炼了孩子，也达到了目的。我被孩子们的自主能力深深折服！

五、网络家长论坛——在学习中提升家长

充分利用各类群和家长一起搞网络家长论坛，一般分成四个栏目：家教经验，疑惑探讨，感动瞬间，同舟共济。

家教经验栏目：让家长安排，选取自己最为擅长的点，轮流做经验交流，每周一次。需要安排主持人、发言人、整理人。

疑惑探讨栏目：家长们平时在群里表达自己的困惑，其他家长为其解答。比如陈新妈妈对孩子的电脑管理很苦恼，刘宇航妈妈马上站出来，发了一个和孩子的协议书：

协议书

××同学与妈妈通过协商达成一致，协议内容如下：（1）××同学保证在期末考试中所有学科全部是 A，同时能达到德育考核全优。（2）在××同学达到上述保证内容后，妈妈将电脑解锁并保证其在整个寒假每天使用电脑 1 小时。如达不到以上保证内容，将控制电脑使用时间并增加作业量，具体增加内容和多少由妈妈说了算。此协议请吴老师作证。

协议人：××

妈妈：××

年　月　日

感动瞬间栏目：集中表达情感的栏目。如：

谢谢杨扬妈妈在如此繁忙的情况下抽出时间去拿服装；

谢谢陈芷涵的妈妈主动要求把我们的家长通讯录做起来……

我感到很荣幸，我家孩子能在这么好的班上学习……

同舟共济栏目：家长或孩子遇到困难的时候，大家一起想办法。冬天，班上孩子感冒了，家长们都来想办法：

"石菖蒲，陈艾，柚子皮，枇杷叶，加点冰糖煎水吃。"李朵爸爸拿出土方子。

在这里，孩子的每一件小事都有巨大的家长团体在背后支撑着，人心齐，泰山移，网络家长论坛，成为班级强有力的后盾！

六、成果展示会——从展示中警醒家长

成果展示会，主要是展示孩子们在学校的进步。形式多样，比如，"背书能力"展示会。

（1）原型展示——让家长看到真相。一般孩子是不愿把学校发生的事情告诉家长的，家长也忙于生计无暇顾及。让孩子现场展示该回家背诵的内容时，有孩子便露馅，无法背出。家长们惊奇地表示："我孩子从没说过要背书，原来撒谎了！看来我们得花精力多督促孩子！"一次现场展示，给孩子当头棒喝，也让家长看到实情。

（2）前后对比——让家长看到希望。有家长对孩子已失去信心，抱着得过且过的想法，此时就需我们通过孩子的现场表现给家长以希望。王林一直听写不过关，但他居然在家长面前完整不误且流利地背出了《观刈麦》。

主持人趁热总结道："叔叔阿姨们，今天大家看到了吧，王林同学本是一点儿没背，今天我们说要到家长会上展示，就去背了，背得很好。说明只要我们愿意花功夫给孩子提要求就能成功！"看着孩子的变化，王林妈妈欣慰地笑了。

（3）乐趣营造——抛绣球背书。为营造欢乐的气氛，我们进行了"抛绣球"背书。大家主动上台抛绣球，每一次抛出，现场都"哇"声一片。惊喜声、欢呼声、掌声汇在一起，家长会在欢声笑语中进行着一场惊喜不断的展示活动。

每年不一样的家长会，让家长们对班级的"花样家长会"充满了期待，充满了激情。让家长会不断翻新，永葆家长会的魅力吧！

21 家长魅力心语
——创意沟通增强家教效果

对于学习，家长们都有这样的感慨：孩子在校的效率比在家高。但如果孩子在家一度放任自流，没有自觉性，在校的教育效果便付诸东流。所以调动家长的力量参与到孩子的学习中，用家长每天的评语陪伴孩子，相信孩子会更主动、自觉地为自己的学习而努力，为自己的行为而负责！

一、坚持不懈做沟通——让家长动起来

起初，很多家长在家校联系本上只是签名。我想，光签名，对孩子的影响何在？若家长成为孩子在家时的见证者、引领者，效果是否会更好？

我们的每日暮省上有今日反省和明日计划，何不再增加一栏——家长魅力心语。请家长把孩子在家的情况写在上面，或是写上对孩子的期待。每天择优表彰。每周把最优秀的魅力心语复印出来，张贴在班级墙壁上，每周一换，以此鼓励孩子们。

于是，我利用家校通，不断鼓励更多的家长参与进来。

首先发出鼓舞大家参与的号召：

亲爱的家长朋友们，为了让您的孩子能够自觉主动地学习，请每天在家校联系本上一起见证孩子的成长吧。相信有了您的陪伴，孩子会更加优秀。

然后，我不断引导和改进，同时把事情具体化：

各位家长，为了解孩子在家的情况，特请家长记录一下孩子回家后具体做了什么。比如，7点到家，7:20吃晚饭，7:30开始做作业，9点开始背英

语单词，10点睡觉。很多家长做得很好，把孩子在家遇到的问题都写下来了，这样有利于家校共同解决问题，形成合力，共同努力！

对做得较好的家长予以表扬。

时间长了，有家长出现懈怠，需个别进行温馨提醒。

家长，您好！今天单独给您发信息，是希望您能在家校联系本上写一写您的心语，一句鼓励的话语，是孩子一次努力的见证；一句期待的话，是孩子不竭的动力。相信您的每一句话都会是孩子进步的源泉！谢谢！

确实有家长不愿坚持时，我们需要针对性地提建议，从而鼓励家长坚持给孩子写魅力心语。

科任老师已经发现您的孩子出现懈怠了，是不是您最近工作很忙呀？孩子毕竟是孩子，我们大人松一寸，孩子将会松一尺。最后还有一个月哟！孩子有了您的关注，会有更多进步，不信，您试一试！

当然，还需鼓励家长们坚持做下去：

感谢各位家长，这次很多家长都做得很好，非常认真地记录了孩子的作息，并观察了孩子的学习效率，但还需要继续坚持，坚持21天，方能成功！

有了这样坚持不懈的沟通，家长们会更加关心孩子，孩子们不再像以前那样熬夜，上课不再瞌睡。特别是每周张贴出来的"家长魅力心语"，大家会认真阅读，积极反思。

二、视频语音齐进行——让关注没有疲倦感

无数事实证明，任何有效解决问题的方法经过一段时间的冲刷，会让人产生视觉疲劳、审美疲劳，唯有推陈出新，不断变化，才会让实效延续。

我们又号召家长们把"魅力心语"用视频和语音的形式进行。

当播放家长们的心语视频时，全班沸腾。佳俊的视频放出来是倒立的，引得同学们哈哈大笑；张星爸妈一起录了段视频，希望孩子能够努力学习；肖琪妈妈表达了对孩子的期望，也感谢了老师的辛苦培养。

陈玲的妈妈说了一些对孩子的祝福："我希望你每天都开开心心的，希望你在考试中拿出你的实力，拿出你的真实水平！"

罗依航的妈妈说得很到位，还表达了对全班同学的祝福。孩子们一直沉浸在浓浓的感动之中。

后来，邀请往届家长参与进来。孙飘逸妈妈用视频的形式，表达了对逐梦班孩子的期待："希望你们能够秉承你们的逐梦精神，追逐梦想，永不放弃……"这种形式的激励效果胜过我们说千言万语。

三、对症下药扬个性——让魅力心语精彩纷呈

随着时间的推移，"魅力心语"已成为孩子和家长共同进步的平台，家长也能从孩子的角度出发，在家庭生活中创造出合适的教育方法。"魅力心语"已不再是简单的汇报情况，而变成了因势利导、因地制宜的教育艺术的呈现。如今已呈现出对症下药、精彩纷呈的"个性家庭语"了。

提出问题型：

本周在家里表现极其不好，周六看了一上午电视，下午出门玩，晚上回家玩电脑。最近在家里学习不主动，没有积极性。学习心态不是很稳定，这样的状态怎么去迎接第一次保送考试呀！希望刘同学慎重地分析自己的情况，调整心态，注意控制住和家长交流时候的激动情绪，作为家长的我们，是在为你指点迷津，是在为你调整心态，没有其他目的。（刘宇航家长）

指点迷津型：

说的和做的请保持一致，做不到的事情，最好不要说；做得到的事情，做了再说。分清学与玩孰轻孰重，学习才能更主动！凡事不能有侥幸心理，

付出和收获是对等的，不要把自己的失误归结到一些不切实际的理由上去。学习的事情无论对错，都是自己的事情，建议你从自身分析得失。（张琳家长）

鼓励信心型：

好的状态是成功的前提条件，孩子，妈妈看到你最近的状态很不错，我希望你一直保持下去。这种状态会促使你去完成一个又一个小目标。你所做的每一件事情都是为了让自己的未来更美好，孩子，加油！（黄立家长）

记录行踪型：

6:40 到家，7点开始吃饭，8点开始做作业，8:53 完成作业，9:08，我们一起检查作业，9:10 下楼洗漱，9:20 开始复习，10点开始睡觉。我希望奥林要有一颗持之以恒的心，这样坚持下去就会有进步！（王奥林家长）

交流沟通型：

琪琪，你的英语基础本来就不好，家里的英语学习机妈妈希望你能真正用起来。再好的教材，利用起来才会有作用的。我们急也没有用，最重要的是你自己要认真，这样才会有收获。我们都希望你很优秀，一切都得靠你自己呀！妈妈期待着，努力吧，加油！（肖琪琪家长）

看着家长们对孩子的殷切希望，我不禁感动于大家的配合，感动于家长的用心。家长对孩子潜移默化的影响远远大于老师，陪伴孩子走得更远的永远是我们的家长，如此，只有家庭自主起来，孩子才能停下悠闲的脚步，让学习动起来！

22 家长 VIP 特权卡
——创意亲子互动促进家校和谐

"老师，孩子在家不听我们的！""现在孩子大了，知道和我们顶嘴了，真头疼！"……家长的无奈，让我不得不思考：感恩活动办了那么多，孩子们为何还是无法了解感恩的真正意义？孩子们也许会感动一阵，可随着时间的流逝，一切都抛向了九霄云外。如何才能让孩子把感恩内化成一种习惯呢？

作为老师，我能做的是用更多有意义的活动，促使孩子们真正学会感恩，这需要孩子们把感恩的细节融进生活的点滴中，于是我们开启了"感恩母亲 VIP 之旅"。

一、开启——儿女制作 VIP 贵宾卡

这天，我向孩子们倒了回父母不容易的苦水。"为避免伤父母的心，我将交付妈妈们一个特权，大家制作一张特权 VIP 卡给她们吧！"

孩子们开始惊叫，故意痛心疾首、唉声叹气……

"在送出 VIP 卡之前，先交上来拍照留念，如果做得好，一个月后，妈妈会送礼物给你们作为奖励！"孩子们兴奋起来。

第二天，我收到了认真制作的 VIP 卡，花样、色彩各具特色，内容更是五花八门，"允许妈妈看我的随笔！""持此卡可以管理我上网的时间！"还有用抒情的语言表达对母亲的赞美的。

看着一张张饱含爱的 VIP 卡片，我不禁感慨：不是孩子们不懂得感恩，而是我们要多制造机会让孩子们感恩！

二、表达——亲子同写体验随感

孩子们把自己的 VIP 卡送给妈妈后，我收到了较好的反馈，听着家长们对孩子的肯定，感受到家长们感动的雀跃，我颇感欣慰。

等我再走进教室，我微微地笑了笑："其实不是大家不懂得感恩，是因为和父母太熟悉，而觉得他们的付出是理所当然的。没有一份爱是理所当然的，特别是我们的父母，一个连自己父母都不爱的人，他会爱谁呢？做一个有情义的人的前提就是——学会感恩！"孩子们没有喧哗，安静地看着我。

"我们的 VIP 活动以一个月为期限，看有多少人能坚持住，你们和妈妈一起写写使用 VIP 卡的感受吧。一周收一次作业。"

第二周，通过看孩子们写的感受，VIP 卡超过我想象的额外作用让我不甚欢喜，不仅让孩子们懂得感恩，亲子关系也更加融洽。

有孩子学会自我督促："自从送出 VIP 卡后，像是把生死大权交到了妈妈手里！果不其然，今早当我还在温暖的被窝里徜徉时，妈妈又一次敲响我的房门，喊我起床。我翻个身，继续睡。她却不慌不忙地摸出 VIP 卡，在我眼前晃了晃。看到 VIP 卡，我不得不慢悠悠地爬了起来。妈妈非常高兴，直呼 VIP 卡的作用真棒。"

有孩子开始反思："妈妈用 VIP 卡和我聊天，妈妈用她的人生阅历给我上了非常丰富的一课。我发现我的性格不如以前好了，聊天时有时不耐烦，不喜欢大人唠叨。是 VIP 卡给了我这个反思自我的机会。"

家长们在活动中收获颇多，也开始反思：为什么孩子之前不懂感恩？是不是我们自己日常生活中没做到感恩父母、言传身教？

有家长感受到了孩子的成长："儿子所承诺之事均是生活中为父母减压，学习上为自己鞭策之事，还保证说到做到。看来儿子是想慢慢地有所改变，也想进步。作为妈妈我很高兴。"

三、持续——分门别类督促"售后服务"

第三周，我发现有的孩子一直在坚持，有的孩子已经没了开始的热情，甚至有的孩子开始终止 VIP 权利了。

我知道，此时需要做一件令孩子们印象深刻的事，才能持续活动。

把随笔本收上来后，我召集组长，一本正经地说："这个月你们来当VIP活动的事务组长，根据同学们每周写的随笔笔记，坚持了三周的叫'收获颇丰组'，坚持了两周的叫'三天打鱼组'，只坚持了一周的叫'两天晒网组'。"

孩子们在一个月的时间里认真地评价着，挑选着，最后把全班同学都进行了公正的评价和分类。我也把评价的结果放进了PPT展示中。

我相信，把评价的权利交给孩子们，用同伴的力量互相感染，互相影响，互相激励，胜过老师一个人的说教和行动。

班会课上，我展示出PPT，说："孩子们，今天我对你们的VIP活动进行一个阶段性的总结，送给大家一个称号。"随后，我依次念出根据坚持时间不同而评出的三个组别孩子的名字。"收获颇丰组"表现出胸有成竹，"三天打鱼组"眼神有些黯然，"两天晒网组"的孩子则把头埋得低低的，他们心知肚明，知道自己坚持不够。

有时，我们是给孩子创设剖析自我的机会，让孩子们对自己的行为能够实事求是地评价。有的孩子肠子都悔青了。

"老师，可以弥补回来吗？"有孩子当场表态。

"孩子们，亡羊补牢，未为晚矣！"

"打鱼可不能一曝十寒呀，这样是没有收获的！"我打趣地补充道，然后正了正身子，"孩子们，感恩父母不是形式，需要我们融进生活点滴细节，需要一直用行动坚持下去，而不是局限于活动的热情，长久坚持下来的才叫作'修养'，感恩是种修养，是种人格，是种魅力！孩子们，我们要做的是把感恩坚持到底！"

同时，我还把评价结果通过校讯通，让家长们都知道，借助家长的力量让孩子们坚持到底！

四、总结——晒家长奖励

一个月后，我让家长们根据孩子的表现，买一份礼物作为奖励，还进行了"VIP卡总结会"，晒一晒父母的奖励。

总结会现场，巫宜鸿母女俩亲密上场，分享了一件毛衣。肖友涛随后上台，笑得灿烂如花，情不自禁地把妈妈送给自己的"护身符"展示出来。

付林同学也稳步走上台，从手中的包里拿出一条火红的围巾，她激动地说："虽然我没有妈妈，但我的姨妈却胜似我的妈妈！"她哽咽了，可怜的孩子自妈妈去世后，一直跟着姨妈，孩子一字一句地诉说，"这个月，我制作的 VIP 卡，是给姨妈做家务，姨妈却一针一线地为我织了条围巾作为奖励，今天姨妈有事没来，但我想说：我爱你，你就是我妈妈！"在场的孩子和家长们无不为之动容，顿时，整个会场掌声雷动！付林现场一圈一圈地把那条融进了所有情感的围巾连同她对姨妈的感恩之情一起戴在了颈项上！

接着，孩子们有谈对父母的感激之情的，有谈对不起父母的懊悔之意的，有谈以后的打算的……这场总结会将感恩之情蔓延到孩子的每寸肌肤，变成了力量，永远流淌在孩子们的血管里。

23 特别的爱给特别的你

——创意生日会密切家校关系

班上秦德伟和李明瑶同一天生日，就在感恩节当天，我想把这个惊喜放大，将集体生日会变成孩子对孩子的感恩教育会。于是一个没有蛋糕、没有礼物却充满着温情的集体生日会诞生了。

一、各方祝福——感受集体的温暖

我悄悄把相关事宜安排给宣传委员、电教委员，他们变魔术似的做好了黑板字、PPT，一个简单的生日会即将开始。

又从孩子们口中得知，昨天是李文杰的生日，几天后是朱艺生的生日……

我干脆把 11 月份过生日的孩子都叫上了台，一起过一个集体生日会！

然后，我笑眯眯地号召孩子们一起唱生日歌，教室里顿时欢腾起来。每个音符都跃起欢快的节奏，教室里热闹非凡，小寿星们乐开了花！

"接下来，请同学们送祝福。"

大家沸腾起来，相继送上真挚的祝福："我祝福过生日的同学学习步步高升，成绩越来越好！"

"我祝你们长高点！"曹昆用重庆话说，教室里又是一阵大笑，寿星们笑得前俯后仰。

"老师，我想去抱抱他们！"几个同学飞上讲台拥抱寿星们。

大家陆续送完祝福，轮到我了："我的祝福不能被其他同学听到，老师只说给他们几个人听！特别的爱要送给特别的你！"

其他孩子也跟着起哄，眼里满是艳羡。

我准备的是给每个孩子一个拥抱，同时送上为孩子量身打造的祝福语。

孩子们也热情地回应我，一个劲儿地点头，不停地感谢我。

二、电话传心——感受浓浓的真情

送完祝福后，我示意孩子们安静一下，轻声地说道："孩子们，很多时候，对越是熟悉的人越不好意思表达自己的爱，是不是趁此机会表达一下对爸妈的感谢呢？"顿时全场欢呼，大家纷纷赞同给父母打电话的提议。

第一通电话打给李明瑶妈妈，这是位坚强的母亲，一个人独自带着孩子一路坚强地走过来。拨出电话，按免提键，大家保持安静，竖着耳朵听"嘟嘟"声。电话接通，大家的心都提到了嗓子眼。

我告诉她，大家正一起给李明瑶过生日。电话那头有些惊讶。

"13年前的今天，是母难日，今天让女儿给您说几句吧！"

电话转交给孩子，教室里更静了，电话那头传来妈妈的祝福。"妈妈……"她有些哽咽，旁边的孩子屏住呼吸，静静地等待着。"妈妈，您辛苦了，妈妈，我爱您！"也许最简单的语言最能触动最柔弱的心弦，顿时，在场的孩子不禁被打动，电话那头没了声音，我能想象母亲听到女儿这样的表达时内心的翻腾。

我的脸热热的，嘴巴凉凉的，泪不住地往下掉。李明瑶捂着脸，失声痛哭起来，由我打破尴尬，问道："李明瑶妈妈，您听到孩子的心里话了吧！"

"谢谢吴老师，真的谢谢了。"电话那头声音哽咽着。

"孩子送完了祝福，其他同学也要给您送个礼物表达心意。"全体起立，电教委员上台播出《世上只有妈妈好》的伴奏，音乐委员起音，歌声响起，整个教室氤氲着温暖的气息。电话那头，我仿佛听到了低声的抽泣声，为人母，还有什么比此时更幸福的呢？

当歌声停止时，母亲已泣不成声，只一个劲儿地感谢。

我们继续通话，一个孩子打给了父亲，电教委员火速找出《父亲》的伴奏，全班孩子深情唱着："时光时光慢些吧，不要再让你变老了。我愿用我一切，换你岁月长留。一生要强的爸爸，我能为你做些什么。微不足道的关心收下吧！"大家神色凝重，眼睛里溢满了泪水，电话那头，一个铁铮铮的男子声音在颤动……

三、惊喜策划——感受特别的爱

接下来轮到秦德伟打电话了。他从小得了种病——腿脚无力。每天早上，晨曦微露时，他的妈妈搀扶着他一瘸一拐地走在校园的林荫道中；中午，妈妈按时来给他送饭；下午放学，妈妈又早早地在门外等候着；晚自习后，母子俩总是一步一歇地走在寂寥的走廊上……

我总想为这样的母亲做点什么，表达点什么。

"小鬼头"周绪洋提议，为表达我们的崇高敬意，我们要策划一下，现场给秦妈妈一个惊喜。"密谋"开始，晚自习最后时刻"实施"。

到了晚上，特派"侦探"见德伟妈妈快到了，下行动命令。孩子们齐刷刷地排列在走廊上，神圣庄严地站在两侧，静候"伟大母亲"的到来。寿星则坐在熄了灯的教室里等待。

近了，近了，隐约看到德伟妈妈那疲倦蹒跚的身影，孩子们站直了身子，当德伟妈妈走过来时，道路两旁响起了热烈的掌声，掌声仿佛能穿透耳膜，直达心灵。

我走上前告知德伟妈妈，她有些诧异，推开漆黑的教室，一瞬间，灯亮了，教室里响起了《世上只有妈妈好》，黑板上"祝秦德伟生日快乐！"几个字正调皮地向德伟妈妈眨着眼，闪闪发光。

德伟妈妈脸上挂着笑容。孩子们有秩序地陆续走进教室，"祝你生日快乐，祝你生日快乐"的歌声响起。

接着，班上的"笑星"跳了出来，穿着一套排练用的"红军装"。他上前说："德伟妈妈，我代表'红军'向你表达深深的敬意。"

孩子庄严地举起右手放在额头旁，恭敬地行了个大大的军礼，口里高喊着："敬礼！"全班同学行军礼。没有笑声，没有别扭，整个现场庄严肃穆，这是对一个平凡而又伟大母亲的敬意呀！

接着，我走上前："从一个母亲的角度，我敬佩您；从一个朋友的角度，我仰望您；从一个教师的角度，我真心祝福您。所以请让我在这里对您三鞠躬，表达对您的敬意。"我怀着虔诚的心情向这位无论风霜雨雪，无论寒暑交替，每天如一日的伟大而又平凡的母亲表达着深深的敬意。孩子们也跟着鞠躬。

教室里出奇的安静，每个孩子都在这份崇高的敬意中表达着内心的敬佩。我的心在颤抖，泪水沾湿了衣襟。孩子们的眼泪早已决堤，不住地往外流……

四、感恩扩展——全场受到感染

真实情境体验过后，更重要的是感悟。我趁热打铁，问："孩子们，你们怎么都哭啦？"

"老师，我被他们感动了！"朱卉边抹着眼泪边说。

张鑫眼圈红红的，说："老师，我后悔了！"

"你后悔什么了？"

"老师，我平时，不听我——爸爸——的话！"他上气不接下气，断断续续地说，"我对不起——我的爸爸，我还跟他——顶嘴……"教室里呜咽声一片。

听着孩子们的诉说，我有些激动地说："孩子们，也许我们无意中伤害了父母，以为越是熟悉越是理所当然。之后，又愧疚后悔！平时我们也羞于把心中的爱和感谢言明，与其后悔、感动不如采取行动。今天是感恩节，你们大可利用这个机会表达你们的爱，弥补悔恨呀！"

"老师，我下课要给我爸爸打电话！"张鑫一边擦着眼泪一边哽咽着说。

我继续引导道："孩子们，感恩不仅仅是感恩父母，还包括身边的每个人，我们生活在一个多彩的世界，感恩同学、老师，感恩这个美好的社会，感恩要融化在生活的点点滴滴中，所以，我们要把感恩化作一种行动，融进我们的血液里！"孩子们重重地点着头。

下课后，有孩子立马向前几天与之发生矛盾的同学道歉。"老师，谢谢您，让我学会了珍惜同学间的情谊。"子涵热泪盈眶。

"老师，我给爸爸打电话，一拿起电话，声音就带着哭腔，爸爸还以为我在学校被欺负了！"孩子高兴地告诉我。

"老师，我给我的小学老师打电话了，以前从来没有给他道声辛苦，今天我居然那么轻松地说出来了。"

我微笑着，仔细地听着每一位孩子的倾诉。原来感恩不仅仅是在心里，还需要表达出来，更需要付诸行动！

第五辑

早恋处理微创意：我被青春撞了一下腰

　　早恋是鲜艳玫瑰还是诱人罂粟？对此，"当局者"的"迷茫"还需"旁观者"的智慧，更需"关怀者"的引导。与其严防死守、棒打鸳鸯，不如把担心变成关心，把堵塞变成疏导，把冲突变成沟通，设置一系列创意体验式课程，让孩子们自己去感悟、顿悟、领悟，教会孩子们认识爱，预习爱，懂得爱！

24 永葆初心砥砺行

——创意"化学实验"展开爱情教育

一、缘起——班级突发群体早恋

学生在初二这个朦胧躁动的年龄段，易好动好奇、好探索体验。

可在这最需要老师关心引导的时期，我却因病在家休养。从别的老师口中得知我班有学生发生了早恋。柯鸿（化名）和罗杨（化名）在体育课上搂在一起！

我惊呆了。柯鸿是个喜欢文学的才女，也许，正因多愁善感的性格，加之亭亭玉立的外表，被异性爱慕可谓情理之中。

一波未平，一波又起。胡红妈妈又打电话告诉我："吴老师，我家胡红在谈恋爱，您帮我劝劝好吗？我没办法！她说班上好几个同学都在谈恋爱！"

我的天！晴天霹雳，我顿时束手无策……

二、反思——重塑爱情教育新理念

我辗转难眠。一棍子打死？发表禁止恋爱的演讲？我思索着为何成年人认为是正确应该的事，学生们听来成了空洞的道德说教呢？我觉得，当孩子缺乏体验时，所有的说教都是隔靴搔痒。

处理早恋问题，对班主任来说，是颇为棘手的。我曾为一个品学兼优的同学因不懂得处理感情问题自杀而痛心；也曾为自己生硬地禁止早恋，适得其反而懊悔。

美好的爱情，是永恒的话题。是否能清楚地理解伴侣，是否懂得与爱人相处，将关系到人一生的幸福。我该在中学阶段，教会孩子们正确看待爱、对待爱，使他们将来处理感情问题时更理智。

我精心设计了一系列的"爱情体验课"，让孩子们自己去感悟、领悟，让他们通过自己的辨析，把正确的价值观念根植内心，使教育潜移默化地被吸收！

回校后，我不动声色地说道："孩子们，明天记得带个透明的瓶子和颜料！"

孩子们一脸纳闷。

我故意夸张地挑高眉毛，卖了个关子。吊足孩子们的胃口，方才有所期待！

三、激发——进行化学实验新体验

面对孩子们按捺不住的激动，我揭开谜底："你们渴望爱情吗？"

"切——"有的孩子撇嘴，有的不好意思，也有的眼中显露渴望神情。

"来！我们开始一场爱情体验游戏！"

孩子们很惊喜。我引导大家用一种喜欢的颜色代表爱情，孩子们便纷纷调配自己想要的颜色。

不一会儿，教室里多了黄澄澄、水蓝蓝、粉嘟嘟等色彩。大家都喜滋滋地欣赏着自己手里的一抹明亮。

有孩子没调成理想的颜色，面露伤感。我安慰道："没有关系呀，这说明你对感情的要求很高，要学会等待，理想的色彩总会来！"

看着一切准备就绪，我微笑道："孩子们，现在你们瓶子里装的是自己亲自调试的颜色，都是自己喜欢的颜色吗？"孩子们纷纷点头。

"接下来，大家开始彼此交换颜色，好不好？"

教室里顿时沸腾了，大家兴奋地互换颜色。红色和绿色混合了，白色和紫色融合了。孩子走动着，飞跑着，热烈地交换着。

随着交换次数的增加，很多孩子原有的鲜亮颜色变得浑浊。惊诧、失望伴随着一些孩子，也有孩子一直笃定地坚持不交换，或换了一次就停止了。

等兴奋劲过去后，我问大家是否还想交换？只有寥寥几个孩子举起了手。

待一切尘埃落定，我问大家："现在手里的颜色还是你喜欢的吗？"

很多孩子开始无奈地摇头。

四、启迪——触发爱情观念新思考

看着孩子们手中的颜料瓶，我语重心长地说："孩子们，通过这个实验，我想告诉你们，纯真的爱情经不起折腾。"

"每份爱情都是美好的，就像我们喜欢的颜色。有些人很快找到了自己想要的，有些人一辈子也没能找到。理想和现实总有距离。"

"大家有没有发现一个奇特的现象？"

孩子们悄悄地议论起来。

"若将最先调制的颜色象征我们向往的爱情，那它是美好的，是大家喜欢的。可随着把自己的爱情和别人交换以及交换次数的增多，颜色就渐渐变了，甚至没了以前的美好！这是为何？"

孩子们若有所思。

我缓缓说道："感情就如一杯水，我们要谨慎开始，你需要爱情来丰富其颜色。可还没做好思想准备，就开始恋爱，等到有一天，真正到可以交换的时候，你却把最好的自己都耗尽了。很多人对爱情抱有美好的愿望，可有些人在自己还没明白最终想要的爱情是什么样的时候，就开始和别人尝试着体验，最后，当他真的可以恋爱了，却发现，得到的已不是自己想要的爱情。"

"所以，我们要做的不是去尝试，而是去丰盈自己，将自己这杯水填满，让它更清亮美好，这样去与另一杯水交换时，才能获得最美好的颜色。"

孩子们都怔怔地看着我。

"保护好心中最美好的爱情，不要轻易付出、交换自己最美丽的爱情！"

教室里出奇的安静。

五、深化——提升爱情责任新行动

为深化孩子们的认识，我在屏幕上出示一段话，让孩子们独立思考：

男人要有担当。能轻易说出口的爱都不叫真爱。男生要保护女生，保护爱，爱需要责任，担当，保护，成全，让对方和自己更优秀。

尊严是女人的颜值，内涵是女人最好的高贵。可以没有爱情，但不能没有尊严，更不能失去自我。在对待爱情问题上，理智冷静地看待这段爱是否值得我们去付出。不要让自己陷入狭隘的爱情里，像吸食了毒品一样盲目地投入，迷失了自己。

我写下：安静地做事，深入地思考，理智地选择，决定你现在要不要开始恋爱！孩子们随着我书写的节奏读着。有些事无须说得太白，给孩子自己处理、领悟的空间吧！

作业：请你们写下对爱情体验课的感受。

孩子们写完后，我发现引发孩子们思考的不仅是早恋问题了，已上升到不断提升完善自己上了。

孩子们的心得体会：

最初澄澈的颜色，最后不知道变成了是红是黑的颜色，越是不断交换，越是得不偿失，最后，反而变成自己最初讨厌的样子。曾看过一句话：希望自己最后，不要变成自己讨厌的样子。其实，想不变成自己讨厌的样子，就保留着最初的那份纯真吧！（吕程）

吴老师将水比作我们以后的爱情，但我甘愿将它比作我的梦，若我的梦夹杂的东西太多太多，便不再是原本的它了。我只要梦可以纯真下去，最初的总是最好的。（杨丹）

一瓶水就像爱情一样，加入自己喜欢的颜色就像自己理想中的爱情。如果到最后颜色没变就证明了你对爱情的坚守。但在这里，我想把它比作梦想、目标。如果我们不停地交换，就代表我们经不住诱惑而迷失了自我。

所以，最初的还是最好的，还是自己最喜欢的。无论是爱情、梦想，还是目标，只有不忘初心，才能走到终点。（张喜）

25 花季恋爱奏鸣曲

——创意辩论赛消除早恋困惑

面对集体早恋的问题，与其老师说教，不如让学生体悟。让学生们通过辩论，越辩越明，自然而然地领悟出理想的答案。

一、推荐书籍——储备知识自主策划

课前，为让孩子们自主讨论时得以畅谈，我提供相关的书作参考。

课上，我坐在角落里，如观众般欣赏着孩子们的成果。

黑板上赫然写着：青春。主持人袁飞早已设计了如何处理早恋问题的方案，我提前予以审阅。

孩子们的思辨思维超过我的想象，他们先讲了早恋的危害，再谈了它的类型，后进入高潮，把问题抛给同学们——"面对班级早恋跟风现象，怎么办？"

二、辩论环节——应对方法越辩越明

孩子们在辩论中语言犀利，主持人一发问，教室里就炸开了锅。

有人赞成斩草除根，有人赞成添班级温暖，也有说："顺其自然，这毕竟属于个人的情感问题。"

孩子们都站在自己的角度，表达内心感受，谈了自己的实际看法。有同学谈到了网恋，孩子们纷纷表示："网恋不叫恋。"

敏感的问题，经大家辩论，越辩越明晰。最后孩子们把难题化解于无形之中。

大家处理早恋的方法呈现如下：

（1）讲道理，添班级温暖。

（2）正确定位，保持距离。

（3）适当交友。

（4）继续发展的，杀鸡儆猴。

主持人继续深化"网恋怎么办？""暗恋怎么办？"，附带着谈了手机问题，说出了大家一致的想法。随风潜入夜，润物细无声，孩子们在轻松愉悦中完成了"集体恋爱"的初步处理。

三、老师总结——观点理念提升认识

为使孩子们更理性地认识早恋问题，适时地进行观点引导和理念提升是很有必要的。

我上台给孩子们谈了"青春爱情三角论"的问题："孩子们，我知道你们长大了，成熟了，在青春萌动的岁月，好奇地品尝了一份不叫爱情的爱情！我今天不是让大家预防爱，而是预习一次爱。举个例子，当我们反复预习后，真正上新课时兴趣还大吗？"我顿了下，严肃地注视着孩子们。

"在青春期里，有一个'青春爱情三角论'，特点是：（1）激情——没有节制，不顾后果，只图一时新奇和感情满足。（2）亲密——只看优点，看不到不好的。（3）承诺——遥遥无期。孩子们，面对现在只有激情，只看优点，而承诺遥遥无期的爱情，何来安全感？动物和人的区别就在于，动物只懂生存，而人却懂生活。面对青春期的恋爱，我们能承担得起吗？"孩子们神情异常肃穆。

我出示了三句话。

毕淑敏：爱情是比死亡还要复杂的事情，因为死亡中你只灭绝一次，而爱情中你可能多次灭绝。

弗洛伊德：几乎没有任何一种活动、一项事业像"爱"那样怀着巨大的希望开始，而又如此有规律地以失败告终。

路遥：真正的爱情不应该是利己的，而应该是利他的，是心甘情愿地与爱人一起奋斗并不断地自我更新的过程。

孩子们的眼睛亮亮的。

我告诉孩子们："如果我们现在就体验，可能会收获暂时的甜蜜，但最后会双双落后，这是先甜后苦。一份不被祝福的恋爱注定会失败。"孩子们怔怔地看着我。

"当我们有足够的实力去承担这份爱的时候，那将是一份所有人都祝福的美丽的爱。自己决定吧！"整个教室陷入了一片沉思中。

四、家长寄语——期待巩固效果

最后，是家长的一封信。有些话家长不好当面说，书信交流可避免些许尴尬，也可润物无声地表达出父母的期望，更有利于深度交流。

这位家长的孩子也在早恋，她不动声色，智慧地要求我在课堂上将信念给孩子听。果然，一群孩子都陷入深思。

儿子：

妈妈又想和你说说心里话了，但在聊天前，我先祝贺你，祝贺你正走在青春的路上，祝贺你从一个萌小孩成长为有型的帅哥！

开学到现在，你一直都很努力，不管是在学习上还是在生活中，特别是最近你都是自己起来做早饭。妈妈从心里感到欣慰，我儿长大了也懂事了，作为父母高兴极了。

作为一个男孩，你有了喜欢的女孩，你觉得对方值得你欣赏，你觉得她很优秀。是的，我也觉得她不错，因为你也很优秀，所以你们才会相互产生好感。

草木尚能知春秋。若一个人对美好的事物都不能产生好感，对一个优秀的人都不会产生爱慕，那么这个人就有问题了，所以你现在的这种情况只能说明一点：你们的情商都是很正常的。这是件很让人高兴的事，因为一个人的情商正常了，那么他在将来的社会活动中就会懂得怎样与人交往。

你们是中学生，只有十四五岁。恋爱对一个人来说是一种责任，是一种你们这种年纪还无力承担的责任。因为如果是恋爱，那么到最后是要走在一起的，就像你们的父母一样，在一起了就要承担一个家庭，承担进入社会以后来自各方面的考验，如一个家庭的经济支出，子女的教育等，就像这次你爸爸身体不好，我们存了整整一年的钱都用光了。但是我和你爸爸不还是得把日子过下去，因为我们还有一个你需要养。这些问题是你们这些中学生根本无法想象的，也根本想不到的。它们是随着年龄的增长，在社会历练中慢慢磨出来的。一个人成年后，在他的心智和能力都成熟了的情况下，可以承担这些事情了，那么他就可以选择一个自己喜欢的人在一起，那样才会幸福。

你是个聪明的孩子，我不反对你们的交往，你们还有很长的学习之路要走，初中以后是高中，高中以后是大学，青春是短暂的，但我希望你青春的回忆是美好的，如果多年后，自己都不愿回忆当年的自己，那只有一个词语能解释，就是——后悔。

所以，我真诚地希望，不要因自己的无知让本应美好的青春种下后悔的种子。妈妈希望你能健康地成长，能无悔地度过一生中只有一次的青春时光。美好的回忆能伴你一生。

爱你的妈妈

2016 年 5 月

没有禁止，没有严肃的呵斥，没有否定。但对于"该不该此时谈恋爱"，每个人心里已有了答案。我相信，有时候世界观是建立在潜移默化中的。

26 打造校园男神女神
——创意赛场树立青春榜样

青春期的孩子，对异性有着隐秘的向往，对彼此的外表与精神都有着神秘的认识。我们所能做的是引导他们确立正确的性别取向。

于是，我班推出"寻找班级男神女神"活动，大受孩子们欢迎。此活动表达了一个核心观点：男生有比感情更重要的事情——事业；女生不能成为感情的奴隶，要自立自强；男女生交往要自然、适度、坦诚。

一、推选代表，打造班级代言人

我们针对男神女神的标准进行了讨论。

大家的热情空前高涨，制定的标准各有千秋。"女神宝典""男神攻略""星级的攀升"……制定标准的过程就是孩子们内省的过程。

通过集体制定，再共同评选，男神和女神标准展板出世：

女神——有这些妙招

想做一个人人仰慕的女神，可是不知道怎么做，别着急，小妙招来帮你。

（1）女神，首先当然要身体健康，所以要注意锻炼，要有好身材和好身体，"林黛玉"可不是人人都爱的。

（2）光有颜值是远远不够的，还要有真本事，首先是学习，对待学习的态度要积极乐观，有主动学习的精神。

（3）俗话说看字如看人，作为一个女神，应该注意自己的字迹，走到哪里都能写手好字。

（4）心理健康，对待生活要乐观。充满希望，绝不能自暴自弃。

（5）待人友好，真心对待身边的人。

（6）懂得自控。女神是不会常常发火的。

（7）热爱生活，有冒险精神，敢于大胆创新。

（8）有品位。一个懂得阅读的女人是有魅力的，灵魂也高尚。

（9）眼光要放长远一些，懂得思考。

（10）想要成为女神，就要德智体美劳全面发展。

（11）学会独立，不要光想着让别人来帮助自己，而是自己想办法解决问题。

（12）遇到诱惑怎么办？一句话：拒绝让你变得更珍贵。

（13）把优秀变成一种习惯。

（14）尽量多培养兴趣爱好，比如弹琴、唱歌、画画等。

（15）培养智商与情商，傻女人可没几个人喜欢。

（16）有原则也要有个性，不要随波逐流、迷失自我。

男神攻略

已经是男神的你想变得更优秀？普通的你想蜕变？后进的你想逆袭？男神攻略来帮你。

（1）男神当然要长得健壮高大。

（2）学习、体育，还是其他的爱好，你总要有一样擅长的。

（3）字迹漂亮，学习效率高。

（4）要亲切，对人和气，爱帮助人。

（5）阳光开朗，笑起来很迷人。

（6）做个有气质的男生，有自己爱看的书，喜欢做的事。

（7）遇事沉着冷静。

（8）对于任何事情都有责任感，而不是胆小怕事。

（9）头脑中有清晰的对未来的规划。

（10）对待生活有热情，对待梦想有动力。

（11）会照顾人，会体谅人，会理解人。

（12）要有自己正确的思想。

（13）做事有计划而不是盲目地去做。

（14）善良、勤奋，懂得"吃亏是福"的道理。

（15）小事不要斤斤计较。

（16）成熟，不任性。

二、全面参与造势，全面调动热情

为了让大家都参与到"打造校园男神女神活动"中，我们让全班同学设计海报，发现闪光点和动人故事，彰显正能量。

孩子们一同构图，一起上色，携手做气球、彩带，热闹非凡。

家长也空前热情，组成啦啦队，甚至有外公外婆来打气。

为做好宣传，大手牵小手，动手发朋友圈，掀起点赞热潮。

三、广告牌制作，深化标准

巧妙融入自我介绍，大家把格言、性格、爱好、亮点，做成了富有个性的广告牌。

广告牌上，每个孩子站出明星范，一个代表做一张广告牌，让孩子们过足了明星瘾。我们还做了煽动性的宣传板："已是男神的你想变得更优秀，还是普通的你想蜕变？"发人深省，并引导孩子们关注男神的三大标准：学习成绩带领班级，人格魅力感染班级，工作能力服务班级。从而让孩子们明白：品学兼优的人才堪当"男神女神"。

四、进行演讲，投票选举

演讲时，代表们大方自信，个性飞扬。粉丝们舞着鲜花、气球、彩带，气氛热烈。

在此起彼伏的呐喊声中，我班代表上台了，只见他以迅雷不及掩耳之势出示了自己写的对联，不巧一阵风把它吹走，场下一片喧哗，男神镇静自若地自嘲道："看，风都无法吹倒岿然不动的我！"引得同学们哈哈大笑。

活动在热闹的气氛中一浪高过一浪。

孩子们都郑重其事地投出了自己的三票。

为有效发挥模范作用，我把推选出的男神组织起来开了一个座谈会，告诉孩子们：既然你们是被选出来的男神代表，那就该按男神的标准来要求自己，并发挥好模范作用，时刻做班级正能量的代言人，做好榜样！

五、随笔前后对比，观念翻天覆地

事后，我们让全年级同学写了对男神活动的看法，孩子们的观念已发生了变化。

男生的随笔：

21世纪是科技高速发展的年代，随着各种事物的发展，人们的观念也随之改变。以前想成为男神，只需做到以下四点：一，够帅，名震一方的美男子；二，有钱到任性；三，天不怕地不怕；四，成绩顶呱呱。而今做到这些未必能吸引真正的女王，时代变了，男神标准也变了，以下是新男神标准：一，成绩能够引领班级；二，人格魅力感染班级；三，工作能力服务班级。此乃三大基础，此外他还需具有负责、乐于助人、善良、自信、勇敢这五大品质，这五大品质又是其他大大小小的正能量的源泉。

女生的反应：

男神在普通人眼中，无非是校草、高富帅，但这就太过于肤浅了。男神，是众多男生中的神。所以，他必须有超越众男生的本事，一张帅气的脸后面如果没有配得上的本事又怎能成为"男神"呢？星期五，我们年级举办了一次男神PK赛，由男神自己拉票。

……所以，男神不只有帅气的外表，更重要的是好的品质、心灵……

通过此次活动的开展，孩子们的性别意识已有了改观。同时，大家对照着自己的言行，每天努力进步，向着男神女神迈进。相信，不久的将来，成为"新时代校园男神女神"已不是梦！

27 神秘修炼淑女态

——创意交往培养女生素养

班上处在青春期的女孩，会因不懂得如何与异性交往，而故意用嗲声吸引男生的注意，或故意高声张扬，以吸引注意。我摇摇头，若一个女人不懂得和异性交往的分寸，那是件多么遗憾的事！

一、讨论引导，燃准导火线

大课间，我把女孩们留下，交流起来："大家知道女生与男生交往的基本素养是什么吗？"

"温柔！"有孩子大声说道。

我摇摇头："孩子们，我们学会交往之道，其实也就是把自己修炼成女神呢，想做让自己将来的丈夫疼爱一辈子的女神，还是喜欢做被疼爱一阵子的女人呢？"

"当然是一辈子的女神！"

"那该怎么做呢？""漂亮！"我继续摇头，"年轻时漂亮，老了呢？""究竟是什么呢？"大家的胃口已被吊起，我在黑板上写下两个字——神秘。大家嘴巴张成"O"形。"如果愿意被疼爱一辈子，那你就需在他面前保持神秘和永久的魅力。漂亮是优势，但不是资本。没有一个人会永远年轻靓丽，灵魂的高贵才是最为重要的。"孩子们充满了好奇。

二、故事引导，榜样导航线

孩子们有些疑惑，我微笑不语，继而说："我讲几个美丽女人的故事吧！"

"先讲讲林徽因和陆小曼。林徽因绝代风华、才貌双绝，徐志摩为她决意离婚，金岳霖为她终身不娶，梁思成娶她那晚也是诚惶诚恐，问她为什么选择了自己。林徽因嫣然一笑，回答巧妙而深邃：'我会用一生的时间来告诉你！'"孩子们怔怔地看着我。"这种深藏不露的表达像个谜，让这位建筑学才子后半生都在钻研，求索。"孩子们的眼神羡慕而迷离。"林徽因持有这种神秘的魔力在于她活得很努力。在建筑史上留下辉煌，诗作也有不凡成就。凡是她所能及的地方她都刻苦努力。她真正让自己保持了神秘，魅力无限。"我顿了顿，"同时代的陆小曼，外貌才华和林徽因不相上下，但她喜欢流连声乐场所，生活奢靡颓废。面对婚姻，本和王庚结婚，又和徐志摩产生火花，但她的豪奢让徐志摩疲于奔命，并不幸福。徐志摩出事后，她和翁瑞午同居，却依然思念着徐志摩，她一辈子都为爱情而活，最后却没收获自己的爱情。晚年生活拮据，备受谩骂，唯一的心愿就是想与徐志摩合葬，也未能如愿。同样的佳人，一个优雅一世，一个飘零荒凉。一个活得很努力，一个活得很糊涂。"

有孩子在微微叹息，有孩子陷入沉思。

片刻后，我接着说："再说说阮玲玉和胡蝶两个女子。

"阮玲玉和胡蝶都是动荡岁月中风华绝代的天后级人物，但她俩的人生结局却不尽相同：阮玲玉服药自尽香消玉殒，胡蝶却高寿隐居海外。

"阮玲玉一生都陷入张达民、唐季珊的感情漩涡，把幸福寄托在无法给她幸福的男人身上，失去爱情一无所有。

"而胡蝶一生中也经历过无数次起起落落，却安然渡过，因为她懂进退，知分寸，温顺与坚韧兼有，理性与乖巧皆具，珍爱自己也不妨碍别人。她曾自谦说：'论演技，我是不如阿阮的！'面对感情，戴笠对她可以说用情不浅，而一直相伴到老的丈夫潘有声对她深爱有加。

"所以，一个女人重要的不是美貌，而是性情、教养、才华、气质等综合因素。"

三、神秘宝典，描绘坐标线

听完故事后，孩子们一改往日的嬉笑，陷入了沉思。"孩子们，做什么样的女子，已不言而喻了。那如何能做到呢？"孩子们目不转睛地看着我。

我给大家详细介绍起来。

第一，穿着打扮上，注意"TPO"原则。

"TPO"是英文中的时间（Time）、地点（Place）、场合（Occasion）三个词的缩写。穿衣服如同选择人生，穿得太过张扬，或者暴露，都不是一个女生保持神秘的明智之举。符合时间、地点、场合的穿着打扮是一个女人品位的象征。大家要注意打扮得体。

第二，言谈举止上，拒做"俗气八卦婆"。

言谈举止能显现女人的纤纤神韵。一个女人整天叽叽喳喳，议论是非，在异性面前，表现得无涵养、教养。女人应做到"四有四避"原则——"四有"指语言有分寸，举止有礼节，内容有学识，词语能文雅。"四避"指不随便议论别人是非，不随便八卦造谣，忌粗俗浅薄，忌谈隐私缺陷。

第三，志趣修养上，和庸俗的品位说拜拜。

有自己高雅的志趣，不整天沉迷于言情泡沫剧，不沉溺于QQ、游戏等。靠读书增雅气，靠努力增才气，靠艺术增灵气，有脱俗高雅的志趣。

第四，情感态度上，不做爱情的奴隶。

要适当地保持精神的独立，不做感情的奴隶。整天沉溺于感情，是不幸福的，无神秘感可言。

第五，修养心性上，有淡定平和的心态。

一个淡定的人，心境平和，不会太敏感，不自卑，也不自傲。懂得谦逊，也能容忍。像秋天午后的阳光，剥离春天的青涩、夏天的热烈、冬天的寒酷，有融化一切的温暖、静谧。

第六，提升自我上，不断更新思想。

有源源不断的思想源泉，思想不断更新，这需要不断地学习，努力提升自我，这样才能永久地保持神秘感。

听完我的讲述后，孩子们如释重负，豁然开朗。

28 学会说甜言蜜语

——创意交往培养男生素养

初二的男生易冲动，遭遇冲突时，会用对抗的方式解决。此时，帮助孩子调整自己的认知，帮他们提升人际交往技能和情商，从而提升男生交往的素养才是最终目的。

一、冷静情绪，缓冲空间

正在校外的我接到数学老师的来电："小霞，你班上的 JCP 上课睡觉，我说他，他还不承认。上课时还和我争辩，现在正在我这儿！"

我一听就明白了。这个孩子什么都好，就是太爱钻牛角尖，有点儿偏执。此时数学老师心里正窝着一团火，这事该如何处理呢？

我让学生先写情况说明，一边安抚老师，一边马不停蹄地往回赶。回来后，已过了一堂课的时间，这孩子还在办公室。待我把情况说明拿来一看，傻眼了，这简直是"催气炸弹"！

今天，我正在认真听课，眨了下眼皮。老师突然喊道："站起来！"我搞不清楚怎么回事。我想我今天又没有睡觉，又没有打呵欠，又没有搞小动作，就是眨了下眼皮，面部有点僵硬而已。我就说："我只是眨了下眼皮！"她就大声喊道："站起来！"我不想和她争，然后就到办公室来了，她说我："你太倔了！"我想：难道被你说了，我还要装高兴吗？然后她说："等吴老师来处理！"我太倔了吗？我只是实话实说罢了，或许用词不当！她永远是对的，我永远是错的，谁叫她是老师呢？无可奈何呀！

顶撞，是孩子发泄不满情绪的方式。改变孩子，改变他的认知是关键。改变认知，才能真正调整行为，改变才真正开始。

二、换种思维，达成共识

如何让这个孩子欣然接受我们的建议，真正抚平他的心？

看着他倔强地高昂着头，我轻轻问他有什么委屈。每个人都需要别人的理解，孩子更是如此。

突然，他哗地流下泪来，说："老师，我是觉得数学老师没尊重我，没听我解释！硬说我说了'你带了小蜜蜂的，我说不赢您！'"

听得出，他在偷梁换柱，故意掩盖事实。既然如此，我何不来个欲擒故纵？我不急着评定他的对错，而是问："作为男子汉，最重要的是什么？"孩子摇摇头。

"作为男子汉嘛，最重要的是会说甜言蜜语！"

他惊愕不已。

"一个男人连甜言蜜语都不会说，以后怎么哄好老婆？会甜言蜜语是很有必要的。"我夸张地说，还故意把它上升到修养层面谈。

他和颜悦色地听着。见他接受了我的观点，我便话锋一转："你想，数学老师是女的，你想让她尊重你，你尊重她了没？作为男人，先要会安慰女人。不会安慰科任女老师，日后怎么与老婆、女同事好好相处？"孩子破涕为笑了。

"那你写篇甜言蜜语的说明，看数学老师接不接受。"我顺水推舟地说道。

孩子心悦诚服，开始着手用"甜言蜜语"替代"检讨""道歉信"。这么做，能让孩子乐于接受内省，也让孩子学会换位思考，用积极的思维方式思考。这一次孩子写道：

老师，对不起，我说错了，过去的将成为过去，给我个机会改进吧！我知道，我的话像刺一样刺痛了你，也许我的改进不会像蜂蜜一样甜、饭菜那么香，但会像山泉一样可口、野花一样芳香，愿这样来弥补我对你的伤害！

"这哪是甜言蜜语？'花言巧语'呀！"我边看稿子边皱着眉头故意挑剔着。

三、借力巧劲，多管齐下

这个年龄的孩子较在乎在异性面前的形象，我何不来个将计就计。

当着 JCP 的面，我请来了班上的两位"佳人"。

我问："如果今天冒犯数学老师的是你，你会怎么说？"

"我会说我错在哪里，并真诚地道歉！"

"那帮 JCP 分析下这篇说明，老师会接受吗？"

她俩纷纷说："太虚假了！""空话太多！""诚意不足！"

"那以女生的角度看，你们希望收到什么样的道歉？"

"真诚的！拒绝大话空话！""最好落实到行动上！比如，给老师倒水，帮收作业！"在同伴面前，JCP 心悦诚服地听着。

大家便一起总结起说甜言蜜语的注意事项。

（1）真诚地说出自己的错误，深刻地反省。（2）言语真诚，说到老师心坎上，拒绝大话空话。（3）讲行动，承诺老师希望的事。（4）最后还要落实到行动上。

听了这番话后，JCP 继续写了第三稿：

老师，我知道我昨天的行为让您伤心了。现在深感抱歉，为我在全班同学面前和您顶嘴而感到后悔。

我居然还没有一丝认错的语气，还想跟您争，那时候的我，怎么这么不懂事呢？您好心教育我，我居然还认为自己占理，乱七八糟地说了一遭。现在回想起来，感到可气可笑。

现在想想：为什么我不冷静下来，跟您好好谈呢？为什么我不认真地听您说呢？是我太冲动、太蠢了。要是我当时能不说话，尊重您，该多好呀！

事情就不会发展到这个地步了！老师，我错了，对不起！我愿意用实际行动来弥补。我准备当着全班同学的面给您道歉，并为您服务，倒开水、整理桌子……学习上，我要考到130分以上，虽然130多分在您眼中不是很高，但却代表了我弥补您的诚心！不相信？就等着我的行动吧！

前后对比，改观明显！

四、抓住机遇，巧育班级

为让全班同学都受到教育，我就此开展了一堂班会课，通过此事潜移默化地教育大家。班会结束后，通过孩子们的笔触更能看出他们的成长：

学生随笔：

班会以昨天某位倔小伙和老师顶嘴的事开头，小伙子专门为老师写了封甜言蜜语信。吴老师说："身为男生，要是连自己心爱的女孩都哄不好，还算什么好男人呢？"吴老师的一番话激起了大家的好奇，有人偷笑，有人悄悄耳语，更有人迫不及待地说："吴老师，快讲。"

她清了清嗓子后，依次展示了那位同学的稿子进化史。

第二篇，依稀记得比第一篇真诚很多，但"作假成分"仍然很多。第三篇，听下来，确切承认了错误，并诚意希望原谅。有人就好奇了，怎么会一下子就突飞猛进了？原来是使用了"美人计"，几位佳人给他提了一些建议。他还用成绩来要求自己，我还记得承诺那一栏，有"保证"一词。

最后，老师说："男生无可奈何时，又不可能撒娇，只得说说甜言蜜语了。所以男生们，学会说甜言蜜语吧，当然，甜言蜜语不是夸夸其谈，也是门艺术。先要正视自己的错误，然后意识到错误，接着就放甜言蜜语大招了，不要太过，不说空话，最重要的是要用行动来证明一切。"

五、自省之后，升华内涵

班会课后，我正在办公室里休息。JCP 捏着衣角，低着头，一脸愧疚，小声嗫嚅着："老师，我知道错了，我应该好好写这封道歉信，我不该和老师闹。"刚准备说下去，他的眼圈红了。我递上纸巾，说："这事，一个成熟的男生是懂得如何去处理好的。"他重重地点点头。

我趁热打铁，问道："如果以后遇到类似的事，你会怎么处理？"此时的反省胜过所有，不怕学生犯错，关键是在犯错的时候如何利用错误让孩子变得更加优秀。

"老师，下次遇到这种情况，我会先冷静下来，然后换位思考，说些甜言蜜语。"我禁不住笑出声来，连忙说："对对对！"

孩子接着说："关键我要做好弥补，让老师原谅我，让自己变得更优秀！"

窗外阳光明媚，我不需要和科任老师再交流什么，因为孩子已经知道怎么做了。

29　我的青春不迷茫

——创意咨询巧破青春盲区

假期，一家长发私信给我：吴老师，孩子们 QQ 空间的内容惨不忍睹，现在孩子看的内容这么污秽呀！

我的心"咯噔"一下，网络鱼龙混杂，孩子又到青春期了，假期时间充裕，看些乱七八糟的内容也难怪。问题是，如何让孩子们通过正常渠道了解性，如何让他们顺利走过青春懵懂的岁月？于是有了"青春期公益讲座——我的青春不迷茫"活动。

一、分工准备——造"开工名册"

我找来两位负责人——袁飞和陈芷涵，告诉他们："开学前，想请同学们当老师，以青春期公益讲座的形式，为大家解决青春期迷茫的问题。"他们一听，很是兴奋，立刻表示赞成。

袁飞说："老师，让大家主动报名吧！"

陈芷涵说："老师，话题让大家自选。我来做宣传单。"能干的她，从宣传单的排版到内容都有条不紊地进行着。内容以"什么是青春期""青春期的烦恼""黄色录像对青少年的不良影响"等为主，清晰美观。

筹备工作如火如荼地开始了，每组自由报名，组长安排具体事务，大家共同设计话题。

最终一共分了 7 组，每个孩子都为小组话题贡献自己的力量。

二、咨询技巧——送"咨询套餐"

网络班会上，为帮助孩子们搞清楚一些公益咨询的技巧，我们准备了

"咨询套餐"活动。

第一，准备类套餐：问题知识储备＋咨询技巧＋心态准备。

（1）问题知识储备：提前预设各项问题，查资料进行知识储备，想尽各方面的问题预设，多角度地查资料并争取烂熟于心。

（2）咨询技巧：具体了解咨询中的各种技巧。

（3）心态准备：把自己放在一个关心帮助别人的前提下，做一次无私奉献的公益活动。

同时准备好各项咨询需要注意的事项。

第二，态度类套餐：真诚＋温暖＋谦和＋投入＋阳光。

（1）真诚：对来访者真诚相待。

（2）温暖：对来访者做到热情、耐心、亲切，深刻理解他们的难处，让他们感受到温暖。

（3）谦和：保持谦虚平和，让他们感受到尊重，不可大惊小怪，同时注意保护个人隐私。

（4）投入：设身处地地理解他们的处境，并用准确的语言表达清楚。

（5）阳光：给来访者积极的心理暗示，让他们顺利走出迷茫。

第三，倾听类套餐：良好的态势语＋专注的态度＋恰当的反应。

（1）良好的身体姿势：身体向前倾，传递包容和接纳；良好的眼神接触，传达温暖和放心。

（2）专注的态度：全身心关注来访者，做到尽量没有任何干扰。用极高的热情和兴趣来倾听。

（3）恰当的反应：多提问，少评判；多讨论，少建议。适当地点头表示回应，"嗯哪"表示在认真倾听，"你的意思是……""你是说……"有意引导来访者说得更详细，关注来访者，并对其情绪进行安抚。

第四，询问类套餐：封闭式＋开放式＋积极暗示。

（1）封闭式：用"是不是""有没有"等了解事实，梳理情况，尽量不连用封闭式提问。

（2）开放式：用"如何""愿不愿意"等询问原因，尽量不用"为什么"的发问方式。

（3）积极暗示：用积极暗示的语言提问，给予正面暗示。

第五，建议类套餐：商量＋解释＋参考。

（1）商量：陪伴来访者找出自身的问题。

（2）解释：语调平和且以商量的态度解答困惑。

（3）参考：不要居高临下进行指导，以"我们来看看哪些方法对解决这些困惑有用呢？"等口吻商议。

三、宣传造势——发"海报传单"

宣传造势的时间，选在新生开学日，地点在校门口。

当太阳才露出半边笑脸时，孩子们已齐聚在校门口，一切准备就绪。

海报内容五彩斑斓。有煽动性的——"抽点空为自己做个心灵检测"，有霸气范的——"你的安全卫士在这儿"，有警示型的——"花开应有时""早恋有危害"，还附带新闻"早恋少年自杀"进行全方位地宣传，有惹人思考的——你的青春躁动吗？你对两性好奇吗？你有好奇的异性吗？……

咨询师们正襟危坐，发传单的同学整装待发，大家都各显神通。

家长们因报名的事一般接过传单就匆匆地走了，也有赞许鼓励孩子们的。

我上前提示大家还要注意技巧，吸引别人的注意力。

孩子们顿悟，继续安排组员一人站一边，找准时机。

"阿姨，您有什么烦恼需要我们解决吗？"

"小妹妹，你最近有没有和爸爸妈妈闹矛盾？"

发传单也能发出水平，是在实践中不断摸索总结的结果呀！

四、进行咨询——做"专业陪伴"

孩子们主动出击，把家长视为目标。

吕书洁主动走上前招呼一位阿姨。

这位阿姨有所迟疑。

孩子微笑着说："阿姨，我和您孩子是同一年级的，您可以通过我来了解您孩子，我从孩子的角度来为您解答问题吧！您尽管问，我会一一为您解答的。"

她释怀了，说："我孩子每天泡在网上，不愿跟我讲话，该怎么办？我很努力地去跟他沟通，但他就不理我，也不愿跟同学多接触，还看不健康的……从你的角度看，我该怎么来劝导呢？"

孩子轻柔地说道："阿姨，这种事情你不能强行去要求他，要慢慢改变。你先跟他谈谈你们之间的问题，缓和关系，然后你得有耐心，慢慢地在生活中与他沟通，比如你平时可以削个苹果给他，有的没的搭讪两句。平时看电视时也可以跟他说两句，慢慢从两句变成多句，就好沟通了。"她额头渐渐舒展。

"对于每天玩游戏，你不是去阻止，而是去面对，你不能一下子就让他不玩游戏了，要有个缓冲期，第一个星期让他从六七个小时减少到五六个小时，然后第二个星期减少到四五个小时，一直改成基本上每周玩两三个小时，那时就可控制他的上网时间。他为什么喜欢上网？学习压力大，在游戏中找乐趣？还是游戏里有什么吸引他的东西？他平时生活中的交友情况怎么样？"

家长若有所思。

"像很多网络红人，他们在网络上独当一面，可生活中并不像在网络上那么顺利，甚至很落魄。或许他上网找些安慰，这时强行阻止，只会让您的孩子反感，所以需循序渐进，把关系缓和了再和您儿子交流，好吗？"

她不断点头，打开了话匣子似的倾诉苦恼。

孩子继续交流着："阿姨，您教育孩子得用适当的方法，就像很多家长在考完试后往往就问：'你觉得你考得好吗？觉得能考多少分？排名会上去吗？'仅一个劲儿地关心孩子的分数。或许换个方式，问问他：'这学期学了这么久，你觉得累吗？这学期过得还好吗？'或许会好得多。阿姨，我建议您去看一本心理学方面的书，专门跟那种领导或者同事沟通的，用在您孩子身上，同样适用。好的，请问您还有什么问题吗？"

这位家长竖起大拇指一个劲儿地赞叹。

五、咨询热潮——成"咨询连锁"

紧接着，另有家长开始咨询，报名的小同学们也加入进来。有人咨询穿着打扮的问题，孩子们马上让准备这个话题的组员跟上。

孩子们在为别人提供咨询的同时，也懂得了设身处地地站在一个更高的角度为咨询者解决。

正如孩子们说："以前不能理解大人们所说的一些过来人的道理，只有自己亲自走一遭，去撞一撞南墙才能明白，这种经验只能自己领会。人就是如此按照自己的意愿长大，才心甘情愿。"

活动结束后，有的孩子脖子、手臂晒红了，脸也晒伤了。他们虽然一直汗如雨下，但帮助别人、快乐自己的喜悦溢于言表。希望这次活动，能在孩子们的青春岁月投下一束光亮，加油！

30 失恋了，怎么办？

——创意失恋预谋课延伸未来

初三学生快毕业了，我的爱情课程还差一堂失恋课。不要让失恋成为人生的绊脚石，让它转变成自我成长的垫脚石。至少，不期而至时，能减缓孩子们的慌乱无措吧！

一、测——爱情心理游戏

我引入话题后，有孩子意味深长地"哦——"，也有孩子嚷道："老师，我没有失过恋！"

全班哄笑。

我笑着提高声调说："就是因为你没失过恋，我才给你谈这个话题，万一哪天失恋了，想想当年还有个小霞给我上过失恋课，到时候也有心理准备呀！"

孩子们抿着嘴笑，有的挤眉弄眼。

"我们做个测试，看你会不会为情所困？"

孩子们竖起耳朵仔细听。

"第一次约会，总要挑一个好地方，你觉得你会选择哪一个地方呢？（1）咖啡馆；（2）电影院；（3）动物园或公园；（4）商场或百货商店。"

"老师，没有合适的怎么办？"

"那选个觉得氛围相似的吧！"

过了一会儿，我直接公布答案："选第一个的，你会有所留恋。如果爱走到尽头，你会非常不舍，时常回味与爱人有关的物和事。选第二个的，你不知情为何物。错过了眼前这个，会马上看到不远处的另一个，易盲目投入下段感情，不易找到真爱。选第三个的，你会为情所困。当情感发生变化时，你会不知所措，丧失人生方向。选第四个的，你会泰然处之。当缘分已尽，大方地向对方说拜拜，并给予祝福，从中体会爱情的真谛和学习爱人的方式。"

有孩子大声惊叫。"孩子们，游戏不要太当真了！"我说，"不过我们从中可以了解面对失恋的正确态度。"

二、送——"失恋十个不该"

我望着孩子们，平静地说："爱情充满了蜜和毒，当一段感情结束时，有人会痛不欲生、撕心裂肺；有人会失去目标，没了依赖，度日如年！"说到这儿，一位女同学接过话："老师，是不是失恋了，痛苦多一些的是女生！"

"不一定！"我睁大眼睛，"男生有时候会更痛苦！"

"为什么呢？"有男生不服气。

"因为男生习惯于装坚强，所以说不定会恢复得慢些。"我解释着。孩子们目不转睛地看着我出示的"十个不该"：

一不该一蹶不振。把爱当作生活的全部，从此颓唐丧气。

二不该有报复心理。到处散布对方的谣言或者严重伤害对方。

三不该备胎代替。为了忘却痛苦迅速找一个感情寄托的替身。

四不该藕断丝连。分手了照样给对方打电话、发信息保持联系。

五不该不要尊严。用各种降低自己尊严的办法，乞求对方回来。

六不该有逃避心理。想马上换一个没有他或者她的地方，选择逃离。

七不该以一概全。因为受伤，不再相信世界上有真正的爱情。

八不该自暴自弃。做一些作践自己的过激的事情，伤害自己。

九不该保留记忆。保留对方的所有记忆，盲目痴情迷恋。

十不该絮叨倾诉。把自己的情事不断地向别人絮叨。

孩子们都认真地读着，对每条都有了自己的理解。

三、讲——失恋励志故事

面对失恋，如何顺利走出阴影，修复伤痛？

"失恋后，我们完全可以活出精彩。先给大家讲两个名人的故事！"孩子们目不转睛。

"大家可知张幼仪？她是徐志摩的发妻。可以说和徐志摩的这段婚姻改变了她，也成就了她。徐志摩一直都嫌她土。"我边说边出示张幼仪的照片，"老师，她不土呀！"有孩子叫道。"可徐志摩就是不喜欢她！"

"大家可知，张幼仪怀孕 8 个月的时候，徐志摩提出离婚，还冷淡地拒绝要孩子。待她生下二儿子彼得，徐志摩托人送来的离婚书信就到了。徐志摩拒绝张幼仪先征求父母意见再谈离婚的请求，决绝地说要迎娶林徽因。离婚协议签字后，张幼仪用坦荡的目光正视着徐志摩说：'你去给自己找个更好的太太吧！'她没有哭闹乞求，凭自己的冷静大度赢得了尊严。后来她二儿子夭折了。"

我的声音有些低沉，继续说："历经晦暗、钻心的疼痛，她没有沉沦，而是更清醒地认识到要依靠自己，别人的怜悯搏不来美好人生。"我越讲越动情，"后来，她入裴斯塔洛齐学院攻读幼儿教育，后做过德语老师，银行副总裁，涉足时尚业，最终成为企业家！她说：'我要感谢徐志摩，若不是离婚，我可能永远都没有办法找到自己，也没有办法成长。他使我得到解脱，变成另外一个人。'所以这是一个在感情突变中站起来的女人。"

"刚讲了一位女士的故事，我们再讲位男士的故事。大家知道《少年维特之烦恼》是在什么情况下写成的吗？"孩子们摇摇头，"这可是个才华横溢、风度翩翩的诗人！ 23 岁的歌德失恋后受了打击写的！"

孩子们有些疑惑。"失恋的歌德先接到心爱姑娘结婚的消息，接着又听到他朋友因爱一个有夫之妇最后自杀的噩耗。不愉快的事接踵而来，他也想拔剑自尽，了此一生。但为摆脱痛苦使自己坚强起来，他把精力放在了写作上，很快便写出了《少年维特之烦恼》。"

教室里一片安静，"所以，孩子们，失恋不可怕，我们要善于把失恋转化成人生的养分，让自己成长起来！张幼仪和歌德的故事就证明了失恋可以让自己蜕变!"

四、开——"失恋修复药方"

同学们回味着失恋后的蜕变,讨论着失恋修复药方。

"哈哈,还开药,'失恋药方'?"大家嘿嘿笑着,故意嚷嚷。

"传男也传女!"我打趣道,孩子们仔细倾听着"失恋修复药方"。

宣泄情绪汤——给痛苦一个适当的出口。

(1)失恋后心中的空虚、寂寞会油然而生,切勿用极端的方式宣泄。可找亲友倾诉、奋笔疾书、痛哭一场或去旅游。

(2)直面疮疤丹——尊重自己就是保护尊严。

既然已分手,不要纠缠着不放。直面现实,不多加妄想,不一味沉沦,正确面对结束的感情。

(3)思考中断济——分手后的思念叫"犯贱"。

告诉自己:分手后的思念,不是思念,而是"犯贱"。一旦拖泥带水,就会更加痛苦。即使没有忘记也绝口不提,藕断丝连很累。

(4)"阿Q"治疗法——挖掘对方的缺点。

失恋后,清醒地翻一翻旧账,把对方的优缺点进行比较,想想你们不适合的地方,更理智客观地看待这份感情。

(5)冷静总结片——把失恋变成自我完善的垫脚石。

不一味自怨自艾或埋怨对方,冷静分析自己的不足,不断完善!

(6)自我升华丸——不争爱情争口气。

把自己的精力转移到感兴趣的事情上,把痛苦转化成向上的动力,把失恋的痛苦变成人生的历练,经营好自己就是对对方最好的惩罚!不争爱情争口气。

五、玩——情感物理实验

橡皮筋两个人一根,大家自由组合。把橡皮筋套手指上,两个人一起拉。孩子们认真地拉着。"左边放手!""哎哟!""右边放手!""哎哟!"

"孩子们,你们看,谁更疼?"

"抓着不放的那个！"

"再来看失恋，有什么新收获？"

"真正会疼的是不愿放手的那个！所以在失恋时，最好的办法是——放手！"有孩子回答说。

"我们再换个玩法，拉开，请两个人都放手！"孩子们手里的橡皮筋弹到空中，不见了。

"都放手，大家都不疼了。"有孩子说。

"再换种方式，都拉，都不放手！"孩子们把套好的橡皮筋使劲往自己的方向拉，橡皮筋很牢固，"老师，手指都勒出痕了！"有孩子已受不了，"很累呀！""早一点分手早解脱！"孩子们七嘴八舌笑着说。

"最后，用大家都觉得舒服的力度拉一拉！"孩子们小心翼翼地拉着，有同学说："这样好！"我引导道："孩子们，爱，要在合适的时间，合适的力度，才能让大家都舒服。失恋不可怕，总有适合你的人，在适当的时候出现。失恋不失德，失恋不失志，失恋不失望，这才叫一切刚刚好！"

教室里一片安静，孩子们都在思索着……

31 宝强婚姻自由谈

——创意借力时事课思考人生

王宝强离婚事件，一石激起千层浪，瞬间引爆网络。面对不断发酵的新闻，孩子们势必受到影响。既然大家都在看热门新闻，何不利用热门事件给孩子进行一次爱情教育——当爱没了，如何有风度地分手，优雅地离开？

一、聊一聊——热门话题

假期，我借助网络和孩子们相聚。我在群里留言：大家怎么看王宝强离婚事件？孩子们立马浮出水面。

晚上 8 时，群里空前热闹，我趁机上了一堂爱情课。

"心疼宝宝！""宝宝这么善良的人，怎么遇到这样的女人？自己出轨，还攻击别人！"……孩子们戏谑感慨。

等热议退潮时，我问大家："孩子们，你们是不是都同情王宝强，但你们觉得他的处理方式有问题吗？这样会不会留下后遗症？"

孩子们又炸开了锅："他是公众人物，发出来就变成了惊天大丑闻！"

"影响最大的是孩子啊！"

"不管怎么样，马蓉还是孩子她妈，以后不管孩子判给谁，都会有来往接触，要是大家变成仇人还是对孩子不好！"

我趁此接过话题："孩子们，爱的时候，掏心掏肺，不爱了，就掏刀掏剑，当初海誓山盟情话绵绵，分手时就互相诋毁相看两厌。这样做两败俱伤，特别是孩子老人牵连受伤，这样的分手毫无风度！"

二、比一比——从明星到学生

接着，我出示了两份离婚声明和对方的回应——王宝强的声明与马蓉的回应，周慧敏的声明和倪震的回应。孩子们唏嘘不已。为了让孩子们能联系实际，我们把目光聚焦到身边的两则新闻上：

高一女生分手后喝农药，只因男友一句话

2014年4月17日，浙江高一女生小珠和小峰两人恋爱，因小事发生口角，小峰一气之下提出分手，接受不了分手的小珠回家后，喝下剧毒农药，决定一死了之，幸亏抢救及时，捡回了条命。

事发后，小峰说当时只想吓吓她，不是真想跟她分手，女孩却当真了。女孩家人将男方告上法庭，要求赔偿医药费，后来经调解，男方承担医药费15500元。小峰被送到外地亲戚家打工，而小珠因身体未恢复暂停学业，搞得两败俱伤。

夺命32秒：女大学生称看见前男友就像看见苍蝇，被其驾车撞死！

2016年8月11日清晨，一辆蒙着车牌的轿车撞向一名正在过马路的女子，将女子撞飞，落到轿车的车顶。轿车顶着女子行驶近百米，女子掉落后，轿车又从女子的腰部以上碾轧而过，后逃离现场。据了解，被撞女子李某，大三学生。男子山某是名出租车司机，两人相恋三年，因提出分手导致这样的悲剧。

提出分手后，山某无法联系到李某，于是重新注册账号添加李某，在一次聊天中，李某说看见山某像看见苍蝇一样恶心，就是这句话，让山某起了杀心。

孩子们发言道："世上还有这样的人呀！"

"第一个新闻里的女孩太傻了！"

"第二个新闻里的男主角变态。"

看着大家议论纷纷，我开始引导："孩子们，这两个新闻的共通之处是都是由分手引起的，因为一句话让自己受到了伤害，最后闹出了影响生命的大事。所以，分手要慎重。"

三、选一选——"分手方式选择题"

我提问："若万不得已分手，分手时，你是希望对方记住你的好，回忆起来是一段美好的时光，还是提起这段感情就愤怒，就觉得失败、后悔？"

"肯定是让对方记住自己的好！"

"都不好！最好忘记！"

"忘记是必然，敢爱还要会分！我们来做做以下几道选择题。"

俗话说，分手看人品，如果是你，你会用什么方式分手？测测自己分手时会表现出来人性的哪些弱点？

A. 从对方的身边突然彻底消失，断绝与对方的一切联系。

B. 回避见面，通过微信、QQ、短信等无须见面就能做出交代的方式提分手。

C. 慢慢疏离对方，躲避对方，不接电话不回短信，日益减少与对方约会、见面的次数，从而让对方逐渐明白，主动提出分手。

D. 既然曾经深爱过，毕竟是有感情的，两个人见面时可直接说清楚。

孩子们选好后，有些急不可耐，迫切想揭晓答案。

选 A，面对分手时，表现出人性的弱点是有些冷漠，极端，没有担当，或在感情上不够爱对方。

选 B，说明关键时刻只顾自己，感情上显得有些自私和懦弱，害怕面对现实，只达到分手目的，没顾及对方感受。

选 C，在感情上过于有心计，哪怕在感情上做了恶人也要以受害者的身份出现。

选 D，说明在感情处理上磊落、大方，敢于担当，能够考虑到对方的感受，不浪费他人的时间与感情。

"老师，哪些分手方式比较恰当呢？"

"我正准备出示多项选择，大家看看哪些分手方式更恰当。"

A. 吵架式分手。两个人因一点事情就吵架，赌气分手。

B. 沉默式分手。互相沉默就不来往了。

C. 谈判式分手。双方证人叫来，分清财产和物品。

D. 谈话式分手。选个恰当的地方，理智地说清楚，和平分手。

E. 转述式分手。经介绍人对双方的了解，以熟人的身份进行开导和安慰。

孩子们发表着自己的见解，但大家一致认为 A 和 B 是最不恰当的分手方式，而 C、D、E 因人而异，会好一些。

四、谈一谈——分手温馨"要领"

接着，我出示了"分手温馨要领"：

（1）认识要理性。对事不对人，分手时只对关系否定，不要否定对方的人品。

（2）胸怀要大度。分手问题，不会是一方的错误，所以不要说对方的不好，不要记恨对方。

（3）感觉要温暖。分手时语言要体贴，不让情绪失控，多肯定对方对自己的关照。

（4）语言要明了。语言上要清楚明了，不要暧昧不清，让对方抱有幻想。

（5）态度要真诚。真诚地详谈分手的原因，耐心地解答对方的疑问。

（6）方式要恰当。知己知彼，全面考虑，根据对方的性格使用不同的分手方式，让对方不产生怨恨和报复心理。

（7）立场要坚定。既然是深思熟虑，而不是一时冲动，那么就要坚定自己的立场。

五、讲一讲——分手禁区

紧跟着，我出示了"分手禁区"：

（1）禁伤害自尊。千万不要借机数落对方，对方也有挫败感，一再奚落对方，会招致怨恨。

（2）禁草率突兀。分手，不能草率提出，一定要知己知彼，了解对方的接受程度，选择恰当的方式。

（3）禁当断不断。任何迟疑和优柔寡断都会让对方抱有幻想，那样的折磨有失厚道，也会给自己带来隐患。

（4）禁互相诋毁。爱时掏心掏肺，不爱就掏刀掏剑，千万不要像仇人一样。

（5）禁打击报复。即使认为遭遇了不公平的对待，也不要在分手后进行打击报复，不然会有失风度或后果严重。

（6）禁伤害自己。切勿自残，懂得自爱，自尊。

六、补一补——分后提示

最后，我补充了"分后提示"：

（1）留下冷静空间。刚分手，不要去找对方，给双方留下冷静的思考空间，冷静思考，分开也不是坏事。

（2）注重自我反省。分手后，多多自省，让自己变得更好是关键。

（3）保持风度姿态。分手后，不做任何有损人品的事。

（4）分清角色定位。分手后，不影响对方生活，不混淆双方的关系和角色。

（5）保持积极乐观。分手后，不能老沉浸在过去的悲伤中，要用积极的态度面对新生活。

我告诉孩子们："恰当的分手方式和恰当的恋爱方式一样重要，所以和平分手，优雅地离开，才会更有利于曾经相爱的双方化解矛盾，摆脱困境，调整心态，这样彼此平静地相忘于江湖，不辜负彼此的慈悲，也算是善始善终吧！"

讲完后，有孩子马上兴奋地说："老师，你完全是感情顾问！"在孩子们青春懵懂的阶段，利用热点事件，进行爱情教育，既是点亮，也是滋养，既是预习，也是拓宽！孩子们，当爱来了，愿你的人生因爱而升华和美丽；当爱走了，愿你的人生不会因爱而不知所措！

第六辑

干部培养微创意：给班干部一个华丽的转身

　　"火车跑得快，全靠车头带。"组建一支强大、高效、执行力强的班干部队伍，是很多班主任梦寐以求的事。能力需要培养，班干部的能力也需要用一系列特色创意培养，让班干部们"愿意干，想干好，能干好，坚持干，创新干"，一路走来，一路成长！

32 人才市场招聘之旅

——创意竞选初建班干部队伍

我一直觉得，要培养孩子的主人翁意识，培养做事大胆踏实的作风，需从班干部开始，班级的正常运行，也需从班干部抓起，所以班干部的选拔显得极为重要。

一、岗位命名大家谈——激发应聘热情

在班干部应聘前，充分引燃孩子们的热情，让班上呈现出"人人为我，我为人人"的浓厚氛围。用大家喜欢的方式命名班干部，充分发挥学生的主动性。这样，悄然间，孩子们对班级更有归属感。

这是孩子们进行命名的一个片段：

师：同学们，不为班级做事的人是贼娃子哟！

生：老师，我不当贼娃子，我要当班干部。

师：那当然好，可以用自己喜欢的方式为班干部重新命名！比如负责锁门的叫"门神"。

生：那管理电的叫"电神"哟！

生：博静班班长叫"博静国主席"！

生：我们最好顺着"博静国主席"统一其他职务。

师：哦，和博静国配套呀！

生：那学习部叫"学院"，纪律部叫"法院"，监督部叫"检察院"……

师：以纪律部为例，再命名？

生：零食管理员叫"食品安检员"。

生：平时管理打闹的叫"360卫士"！

生：不，叫"工商质检员"。

生：有争议的举手表决。

生：好嘞！

命名过程中，我抓住大家以国家机构命名的亮点，在孩子们把班级命名为"博静国"时，顺势引导他们命名各个"配套"机构，既解决了命名的问题，又让干部提前体验了职业，同时，孩子们在互相交流中碰撞、切磋，应聘班干部的过程，因命名而变得温情。

二、特色展示自画像——准确自我定位

班干部选拔方式，分为"指定""自荐""他荐"。我更推崇"自荐"，唯有了解自己，明白特点何在，有何能力，才更利于工作的开展。

所以我用"画一幅自画像"的方式，让孩子们对自己的特点进行梳理，再选择心中理想的职务。

如何画自画像？除了描绘外貌特征，最重要的是描绘自己的性格爱好，并准确定位所能胜任的职务。其实就是层层深入地自我剖析的过程。

对性格爱好描绘并不难，但很多孩子无法找出自身优于别人或异于别人的地方。这就需要班主任进行引导。

罗亿把他的自画像画成周围跃动着音乐五线谱，拿着吉他、戴着一顶小毡帽，俏皮地站在舞台中间的男孩，显然，他喜欢音乐，给自己的定位是"音乐委员"。

每个孩子根据自己的爱好、特长、性格用笔描绘了自己的想法，这就是自我定位、自我省视、自我筛选的过程。经历了这样的过程，孩子们已由盲目向理性发展了。

三、公开竞选负责人——榜样引领走在前

俗话说：火车跑得快，全靠车头带。打造班级的核心管理团队，让每个部门都有中流砥柱极为关键，所以对部门负责人，我们进行了"公开竞选"。

竞选流程："部门负责人"通过自画像报名；竞选人员公开演讲；接受"答记者问"；全班同学公开投票。

为避免孩子们准备不充分，我提前对有意愿的孩子进行了培训，引领大家展示出最优秀的一面，同时注意形式的多样化和新颖性。问答环节可提前构想问题，准备得越充分，越能应付自如。

所有环节都如火如荼地进行着，最为激烈的是"竞选人员公开演讲"，孩子们都铆足了劲推销自己，发高烧的蹇小艺同学，一走上讲台就忽地变得精神抖擞，课件音乐双管齐下，平时文弱内向的她变得侃侃而谈："卡耐基说过，不要怕推销自己，只要你认为有资格担任这个职务……"

紧接着，是孩子们的刁钻提问环节，活泼的男生曹昆站起来直言不讳："如果一个厚脸皮的人，没有人能治得了他，你会怎么办？"

蹇小艺从容不迫地回答："国有国法，家有家规，一定能有人治得了他，那个人就是我。"我在心里暗暗赞叹。

高高瘦瘦的张剑同学站在台上，气宇轩昂地宣称当上后勤部长后，准备来个"张剑变法"。引来全场轰动。

竞选完后，是投票环节。竞选环节中哪些同学对自己的职务理解得更透彻，已显而易见。投票的同学也投下了宝贵的一票。

通过完整的"公开竞选负责人"，让其他同学看到了班干部的榜样形象，将全班"人人有事做，人人参与做"的局面推向了另一个高潮。

四、人人办理"班干护照"——引爆热情齐参与

班级最好的状态就是不养"闲人"，不能让一些人游离在集体之外，形成"事不关己，高高挂起"的氛围，所以我们设置的人人办理"班干护照"就是希望让全班同学都动起来。

"班干护照"也就是让每个孩子为自己准备"通关文书"。

其内容："个性自我介绍""岗位职责""管理策略"。让班内每个孩子做好一个"护照"，然后到部门负责人处去应聘，做"护照"和应聘的过程，就是增强自身责任感、明确职责标准的过程。

孩子们做了各种各样的"班干护照"，一张画纸，一本册子，还有类似绿卡的卡片。

各部门负责人设好招聘台，正襟危坐，进行选择。"应聘工作人员"秩序井然，大家排着队去递交"班干护照"，询问，答问，部门负责人签字同意，整个招聘才算完成。

在这个过程中，"岗位职责""管理策略"仅仅是孩子们思考的初级阶段，而真正地让孩子们更透彻地了解自己的责任，需到后面的班干部培养时才能实现。

所以在这个环节上，设置了一个关口：让应聘和招聘双方在体验中去自我觉察肩上的责任。

经过层层竞选，最后选出了新一轮班干部成员。当然班干部的选拔，仅是第一步，后续的培养、监督、修正、评价等机制都需要跟进，这样才能真正地创建一支具有创造力、学习力、执行力的精英班干部队伍！

33 我来点燃几把火

——创意锻炼让班干部责任到位

班干部职责能否真正地深入孩子们内心？这是我思考的问题。

一、理念到位——大胆自觉谈"官念"

思想决定行动，为了引导学生树立正确的干部观，为主动竞选班干部打下坚实基础，我设计了"干部'官念'大家谈"活动。

竞选者大方上台，余乐说："我的理念是——服务大家，快乐自己！"赢得了大家阵阵掌声。

体育委员说的更有意思："体育课就是让同学们锻炼身体的，体育课就是让大家心情变好的，我需要从这些方面努力！"

还有同学打着官腔："我要以民为主。"引来同学们一阵哄笑。

全班同学都是班干部，我们用"开火车"的形式，让每个同学都大胆说出自己的理念。或许，在说的过程中，孩子们正在潜移默化地接受呢。

二、示范到位——示范制定职责范畴

对于班干部的岗位，除了老师给予明确的分工外，更为重要的是学生要明确自身的职责。

孩子们不懂得如何制定岗位职责，这就需要老师做示范。限于篇幅，我选择了有代表性的岗位，呈现我的思考：

学习部长：

（1）学习成绩足够让同学们佩服。

（2）负责管理、督促、落实、改进学习部的所有事务。

（3）有自己的管理理念，能让同学们各科均衡发展。

（4）每周召开一次课代表会议，随时关注各科动向，和课代表一起改进工作。做好部门的选优推优工作。

（5）跟不负责或者不合格的负责人谈话。

（6）组织好有利于学习方面的活动。

三、自主到位——自己完成岗位职责

很多孩子对于岗位职责理解不到位，于是我给大家解释，职责就是职位上需要承担的任务和责任，也就是必须做的事情。孩子们若有所悟。

我反复强调具体的要求：分条写出岗位职责；明确自己需要做的事情；把自己需要做的事情想周到。

因为有了前面的示范，大部分班干部知道该如何制定，比如语文课代表制定了如下职责：

（1）每天（周末、放假除外）早上收同学们的语文作业，并做记录。

（2）每天中午，老师无特殊的情况会批改作业，要做好登记。

（3）每天在黑板上写上当天收作业的情况。

但在完成过程中，有孩子会出现制定不够完整、理解不够透彻的问题，需要进行个别指导。最后，制定出的职责由每个部门的负责人进行整理。

四、民主到位——罗伯特程序调整管理

明确职责后，管理方法也很重要。这就涉及孩子们用什么样的方式和策略进行管理。当有争议时，我们需用罗伯特程序进行调整。

每个孩子上台介绍自己的管理方法，其他孩子聚精会神地听着，因为管理需要规则，而规则需要大家共同制定。

卢新宇作为新上任的课代表，落落大方地说："我的管理方案是这样的：我争取每周为大家出一张卷子，不知道这样可以吗？"教室里一阵嘘声。

"同意的请举手！"他颇有提交正式议案的风范。

"我不同意！"曹昆振振有词。

"好，进入第二个环节——辩论！"卢新宇主持道。

"我们平时每个科目都有作业，每个单元还有测试。"

"关键是有这个时间吗？"

大家交流着，讨论着。

"四周出一张卷子！"迎来赞同。

"成交！"卢新宇宣布道。台下掌声一片。

其实，在班干部上台介绍自己的管理方案时，也就是对他的管理方案进行评价的过程。和同学们用罗伯特程序进行决策的过程就是班干部和同学们达成共识的过程。

五、记录到位——"自制管理表格"切磋会

当然，为让班干部注重自己的过程性落实，过程便需要规范。

我布置下任务：班干部自己制作管理表格，制定管理栏目和管理方式，因个人有局限性，我们需分部门进行"管理表格"切磋会。

在制定过程中，有孩子没有思路，但在大家的交流、碰撞中，豁然开朗。

纪律部的彭鑫瑶上台展示自制的表格，如表2所示：

表2　自制管理表

小组纪律评定			
小组	出现问题	解决问题	分值

她从容不迫道："我主要想把问题放在小组进行考核，所以我做的表格以集体形式出现。同时，我们的重心放在解决问题上，所以我这样制作了表格。"

"你的解决问题这部分很值得我们学习！"卢新宇兴奋地大叫。

"我也专门制作了一栏——如何改进。"管理班级早自习的代思怡抢着说。

"对，同学们，我们制作表格的目的不是为了给大家留下不好的记录，而是为了留下大家成长的足迹！"

接着，曾秋萍上台，他的表格制作得更有意思，如表3所示：

表3　自制管理表

日期	作业检查组	作业完成情况	听写好的同学人数	听写差的人数	同学们的上课状态	同学们的朗读情况	对自己这一天的评价

刚一出示，孩子们就发现了该表格的优点。

"最后一栏设计了自我评价！"大家说到了本质，焦点集中在了自我提升上。

"他还把上课状态放在了表格里！"

"这是让我们更多关注做得优秀的同学，传播正能量！"朱卉歪着脑袋做沉思状。

"看我们管理平板的同学做得好仔细！"后勤部的部长雷琴惊喜地说。

表4　班级平板管理表

日期	排队	按时上交平板	交平板时整齐度	是否交齐	用平板的认真程度	平板高效度	全组

"孩子们，大家很棒呀！互相展示自制表格的过程，就是一次学习，一次借鉴。"

"当然，孩子们，更重要的是，你们要把你们管理的情况如实地登记，一周后继续展示大家过程性记录的情况，让大家一睹管理效果。"

孩子们摩拳擦掌，互相鼓励着。

六、程序到位——干部常规一条龙服务

最为重要的是班干部的管理程序需一体化。作为常规化的工作，我跟孩子们进行了交流。

一是表格记录过程化，及时做好每周的表格记录，要认真地记录。

二是总结规范化。我们进行了一周干部总结，让孩子们先自行梳理总结，然后线上总结，最后班会课上隆重召开"干部周总结"。其实这个过程就是孩子们反复梳理的过程，同时也是班干部自我述职的过程，可以起到一箭双雕的作用。

三是互评自评一体化。最为重要的是评价。评价表格包括：自身评价和工作评价。分为优、良、差三个等级，我们按照10分、5分、-5分的等级计入干部成绩，把所有的评价分数除以评价人的个数，就得出了孩子们每周的干部分数。

首先是孩子们进行自我考核，然后通过周总结，每个部门互相对述职的班干部进行优良差的评价，然后由部长评价。最后每位班干部把自己的考核进行梳理，写到自己的干部档案表格上，其中有个重要的栏目——原因分析，目的是促进自我成长和自我总结。班干部的档案表，包含一学期的所有统计，一学期下来，班干部的所有评价和总分也都有了。

四是总结过程规范化。分数出来后，我们将分部门开会，部长总结本周做得好的和需要改进的，同时评选出一周优秀班干部，并布置下周任务。

五是表扬方式多样化。表扬方式，可授予荣誉称号，可进行物质奖励，在表扬时，我会特意强调每位班干部的优点。

六是公决促进反省化。对于一周工作需要改进的同学进行公决，一次不合格再给一次机会，两次进行全班公决，决定去留。

干部管理正规化后，相信孩子们慢慢就会得心应手，管理工作也会慢慢迈上新的台阶。

34 做个彻底的实干家

—— 创意总结提升班干部管理能力

班干部培养过程中，需要老师进行每周一次的总结指导。在总结中，要注意指出问题和表扬同步进行，引导孩子做个彻底的实干家！

一、惊喜展示——鼓励中唤醒内省意识

透过兢兢业业或马马虎虎的干部总结，能看出孩子对待工作的态度，也能反映出班级存在的问题。

我整理出班上优秀的班干部总结，共17人。奖励怎么下达？我打算给他们一个惊喜！

我来到教室，眨着眼睛说有好消息，有孩子便按捺不住了。

"今天我们评选的是总结优秀班干部，是根据总结质量评定的，他们是……"我故意停顿一下，孩子们都坐直了，睁大眼睛盯着我。"马欢，彭鑫瑶，袁一……"孩子们瞪大了眼睛，觉得不可思议。

我笑呵呵地说："孩子们，总结最能反映一个干部平时工作的态度，所以我们把掌声送给认真写总结的同学！"台下顿时掌声雷动，获奖者好不神气。没得奖的同学显然懊悔没认真写总结。

二、典型展示——公开中进行现场培训

为让其他孩子心服口服，我开始出示优秀总结。我一边展示，一边告诉孩子们："他们做得好，是因为他们的总结有过程性记录，提出班级存在的问题，并提出了解决方案。"

我把周庭宇的总结展示出来，孩子们都目不转睛地看着。

9.12

数学作业：交齐。

优秀：陈大洋，周庭宇，胡开强，王子怡，张剑，张鑫，周弘韬，李明瑶，曾秋萍。需要改进的：洪函，李星，周忆，李琴，往鹏，周明佳，代科。

9.14

没交作业的：李慧，张鹏，李若航。

9.15

交齐。

优秀：王子怡，周庭宇，李明瑶，王孙燕，周弘韬，曹昆，王广，张剑。需要改进的：李俊华，陈茜茜，李欣，郑兴，王亮。

这周我们数学作业完成情况非常不好，有的人马虎了事。李俊华、陈茜茜、李欣、郑兴、王亮等同学作业马虎，我觉得这几天数学作业不是很多，但是这些同学明显态度不端正。

说完了作业再说课堂。数学老师说我们课堂效率低，有人打断老师上课，经常被老师点名的有：王星、陈祥辉、吴鹏、周彬。请以上同学改正。

我边读边评价着："做干部总结，要把平时的情况呈现出来，所以需要以下步骤：一是过程性记录，二是优秀表现，三是问题分析，四是解决方案，五是自我反思。"

紧接着，我又展示了其他优秀的总结，不断强调："我们写班级总结是为了汇总一周的情况，不但要提出问题还需要解决问题。同时，为树立正能量，优点的阐述是必要的。当然，作为优秀班干部，自我反思也很有必要，这样才能促使我们进步。"

三、对比展示——强化中引导问题改进

接着，我对比出示了有问题的总结。首先是课代表CK的总结，我轻描淡写地说："刚刚看的是数学课代表周庭宇的总结，下面我们看看同样是数学课代表的CK的总结，又是怎样呢？"话音刚落，教室里发出一阵别有用心的笑声。

"看来同学们还是很了解我们的CK嘛。"大家又是一阵狂笑。

我故意再出示优秀总结，让孩子们在对比中明白自己的问题。

我不慌不忙地分析道："看，CK的总结没有过程性记录，凭自己的感觉写，这对同学是不公平的。"

"孩子们，你们的总结很能反映你们的生活和学习态度。临时赶写，会凭印象看问题，这样分析出来的数据不科学。"我出示了班级总结出现的几种问题。

（1）不重过程型。

我是数学课代表，下面我对数学方面进行总结，同学们上课很积极，抢答问题，但有人常被批评走神，不认真，马虎了事。

分析：不重视过程的总结，全凭印象，这样没有科学依据，不会让人服气。

（2）马虎了事型。

每周周一都很吵，上自习课时，总有些声音，纪律班干部好像没管。

分析：写总结都不认真，可见班级工作也不会认真。

（3）一路高歌型。

身为监督部的一员，经过一周的观察，我发现各个部门都做得很好，特别是后勤部，比上周做得好。

分析：这样的总结等于没写。总结的目的是为了发现问题，再解决问

题，如果只是一路高歌，那么等于白写。

（4）本子模糊型。

随便拿个本子写。

分析：从使用的本子可以看出班干部对学习、工作的态度。人生不能过得太随意。

（5）只谈缺点型。

本周体育就上一节室外课，但你们站队时为什么这么闹？不过提醒了就没有闹了，剩 DL 继续闹，CY 上课还在吃东西，还说下次不吃就行了。

分析：只谈缺点，不讲优点，易让人感到这个管理项目没有做好，要先树立正能量。

（6）无解决方法型。

这周迟到人数比上周迟到人数增加了些。

9 月 12 日：李俊华，陈茜茜。

9 月 13 日：周一，王林。

9 月 14 日：周一，陈茜茜，王林，张大洋。

这些同学里，王林，周一两位同学迟到次数较多，望加以改正。

分析：只谈问题，而没有谈解决方法。作为班干部，更需要多想办法，只要肯用功，方法总比问题多。

待我分析完后，大家恍然大悟，晚上班级群里再次进行总结时，孩子们的总结明显更为规范、深入了。

总结事小，培养班干部的思维事大。孩子们，做个彻底的实干家吧！

35 做更好的自己

——创意督促帮助班干部反思自我

做了一段时间的班干部后，有人开始变得懒散。怎么办？我们需要用恰当的方式督促他们反思自我。

一、点评式投票——问题落地

孩子有较强的自尊心，我不能就问题而谈问题，而应该既让孩子明白自己的问题，又心服口服。我思来想去，借助班级同学的力量是最好的，因为孩子最了解孩子。

我来到教室，告诉大家我们需要进行"精兵简政"，依据同学们的评语，选出优秀干部。

孩子们纷纷赞同。

我思量着，有的孩子做工作时耀武扬威，不能以身作则，需下猛药；有的孩子性格内敛，工作不主动，需委婉提出。

果然不出所料，每个人心中都有一杆秤，选出的优秀干部确实是平时脚踏实地工作的孩子。因为是点评式投票，所以做得好与不好都附带了具体的原因。

二、针对式聊天——明白问题

看着孩子们交上来的写明原因的投票单，我非常明白，让班干部明白自身的问题，从而指导其以后的人生之路，才是重中之重。

当然，谈话需根据孩子的性格采用不同的策略。

唐艺（化名）是个粗线条的孩子，情绪都表现在脸上，不过来得快，去得也快。这不，刚来办公室时，他高昂着头，满脸不屑。

我不动声色，只是轻轻地把投票单放在他面前，指着评价说："你看看，其实同学们反映的是同一个问题，就是没有以身作则。诸如'作为纪律部长，他还带头讲话''唐艺也会自己说笑'……"

听后，他神色也有些局促，轻轻地说："老师，看来我自身确实没做好！"继而，他抬起头来，"我会改进的！"我心里的担忧烟消云散。

紧接着，我找创新部落选的邓涵谈心。她心思细腻敏感，需要我小心翼翼地呵护。

我避开她的问题，让她猜猜谁当选了。孩子显得有些不好意思："老师，我知道是谁！王子怡。我想应该是她！"

我歪着头，微笑着问："你怎么知道是她呢？"

"老师，她的确做得很好，平时工作很主动。学习努力，以身作则。"她一本正经地说道。

我需要引导孩子看到别人的优点，从而改进自己。"看来做得好，大家都是看在眼里的，我们要学会见贤思齐，见不贤而内自省也。"

"老师，通过这件事，我也明白了自己的不足，做创新部的工作，要更加主动，我工作上的确不主动，学习上也不够努力，看来我真的要好好反思了！"孩子说得有些动情。我也动容了。

"孩子，我们通过别人可以更清醒地认识自己，也不失为一种提高的方式。"我微笑着对孩子说，邓涵使劲地点点头，谈话愉快地结束了。

三、下岗式宣言——接受公决

班级公约里有一项：下岗的班干部，一定要在班级接受公决。

对于的确做得不好的班干部，我们需要鼓励孩子接受公决，让孩子拥有承担责任的魄力。

私下谈心后，孩子对自己的情况有了思想准备。我也在思考这样对孩子是不是太残酷了？但转念一想，这也许就是孩子实现成长的一个拐点、让他们顿悟的扭转力。班干部连面对自己失败的承受力都没有，还如何变得优秀？

进行班级公决，用集体的力量决定班干部的去留。

午睡前，我低声说："孩子们，根据今天大家投票的结果，有几个班干部想给大家说几句话，牺牲点大家的时间，请大家听听他们的想法。"孩子们似乎明白了什么，瞬间安静下来。

唐艺默默走上台，轻轻地说："我最近做得不好，作为班干部，还带头说话，作业也不好好做。"说到这儿，他的声音哽咽了。

"自身没有做好，是不配担任这个职务的，请同学们监督我，督促我改正，看我最近这段时间的变化，好吗？请大家给我一个机会。"孩子越说越激动。有时，挫折是需要孩子自己去面对、去承受的。

下面的同学默默地看着他，教室里安静得仿佛能听到心跳的声音。我缓缓地说："孩子们，觉得可以给他一次机会的请举手！"教室里缓缓地举起了一只只手，人数过了一半，我惊喜地喊着："唐艺，大家给了你一次机会，好好珍惜，我们都会看你的表现哟！"

唐艺喜出望外，一个劲儿地感谢大家。

经历了公决的班干部更清楚自己需要努力的方向，也更加珍惜现在的职务。

四、重走"新官"路——见证改变

经历了全班同学的评定、谈心、公决，我明显感觉班干部又燃起了工作激情。以英语课代表为例，他接受过公决后，明显比以前更负责任，更懂得如何开展班级工作了。

早上，我走在走廊上，远远就听到激情澎湃的英语朗读声此起彼伏。

当孩子们停息的时候，我不禁竖起大拇指，说："孩子们，你们的朗读声真让老师振奋！"

一个孩子马上抢先说："因为英语课代表说我们读得好的话，就现场给大家背一遍英语！新课哟！"我不禁暗暗为孩子的智慧感到骄傲，也更为孩子捏了一把汗，要是背不好，孩子的面子不是丢大了！

安静的教室里，响起了课代表背书的声音。突然，短路了！我心都提到嗓子眼了。此时，让我震撼的是，孩子们异口同声地帮着课代表，有这样宽容的一群孩子，当老师的还有什么理由不欣慰呢？终于，课代表完整地背完英语课文了，教室里掌声雷动！

当一个班干部在跌倒时，深入地去观察自我，分析自我，反思自我，从而让自己站起来，经历了这样内化的过程，班干部的能力会发生质的飞跃。

36

开一个庆祝 party

——创意会议巧设管理新岗位

班级需成立"干部监督会",除了为了监督班干部,更为自我监督。用什么样的方式既能让这部分孩子感到光荣,又自觉管理好自己呢?我思量着给他们组织个"自我监督会"。

于是,我叫来班上电脑技术最好的同学肖友涛帮着建群。同时制定监督会规则:人员控制在 6 人以内;能自觉主动地管理好自己;公平公正地对待班级事务。

建群后,当晚,我在群里办了个别开生面的"自我监督会庆祝 party"。

一、宣布监督会成立——情境更真实

肖有涛在建群的同时,班级"立法会"商量着确定人选,通知成员。一系列工作完成后,便是我们热烈的"监督会"庆祝仪式了。

每周五晚固定时间,大家在"监督会"群集合。

在我的召集下,孩子们纷纷冒泡。我郑重宣布:"我们逐梦自我监督会今天成立!"六个孩子非常兴奋地配合——一阵喧哗热闹的鞭炮,一阵啤酒香槟开启。群里的气氛升温沸腾。

二、展示监督会文件——组织更规范

我把监督会名单文件化,让孩子们意识到这是一件严肃的事情,并郑重其事地开始宣布:

"庆祝大会的第一个议程结束,下面进行第二个议程——宣布上任名单!"

逐梦班 02 号文件

因小霞最近生病住院，为了让逐梦班正常运转，大家都能真正成为班级的主人，经逐梦班自管会研究决定，特推选以下同学为逐梦监督会成员。

雷晨　罗伊莎　杨扬　熊港　肖友涛　陈鑫

逐梦班自管会

2015 年 5 月 7 日

出示完后，我兴奋地说："鼓掌鼓掌！"隔着屏幕，一阵热烈的掌声鱼贯而出。

"下面我宣布职务。"雷晨马上接道："接令！"

"会长：肖友涛。副会长：雷晨、杨扬。秘书长：熊港、陈鑫、罗伊莎。"

刚一宣布，罗伊莎就问："老师，您呢？"

"哦，我呀，我就当个参谋，重点是你们呀！"我立马表明了态度。

三、确定监督会职责——要求更全面

结束两个议程后，我邀大家"喝杯啤酒"庆祝一下。

同学立马发干杯的图片——"不醉不归"。

我戏谑道："不要喝多了，不然耍酒疯！"顺带发了张蛋糕的图片。"老师，我要吃酸辣粉！"

"好！如果大家工作做得好，一周总结时，奖励大家吃酸辣粉！"大家欢呼雀跃。

趁此，我询问大家成立自我监督会的目的何在。

"管理好班级。"

"监督好自己！"

"监督同学的同时，也加强对自己的要求，自己没做好怎么去管别人？"陈鑫发话了，"监督自己的同时也要管理好班级。"罗伊莎补充道："改正自己不好的习惯，借此机会管理好自己！"

"如果有疏漏的地方及时说出，"我总结道，"通过大家的讨论，最终确

定五大目的：管理好自己；管理好班级；发现有疏漏处及时提出；改正自己的陋习；监督班干部。"不要太多，只有大家记住，并化作行动的规则才是有用的规则。

为使成立目的更深刻，我接着问哪条最重要。

"管理好自己。"我就知道他们要这样说。

"再想想！"我不发表意见，只是引导，"继续，看谁中大奖！"

"我觉得都重要！"

"非选一条，那就是管理好班级，这样自己也会越来越好！"

"第二重要的是？"

"监督班干部！"

我补充道："监督我们的班干部、自管会是不是认真踏实，是不是公正公平，是不是持之以恒。如果班干部没有做好，我们有权利提出来。"接着话锋一转，"您要监督别人，自己没做好，那怎么行？所以管理好自己也很重要。"绕了个大圈子，我才说道："管理好自己是自我监督会的基石！"

四、宣誓表决心——行动更坚定

"吃点点心和水果！"孩子们边说边把各种图片一股脑儿地发出来。大家边讨论边热闹地说笑着。

"管理好班级，监督好班干部，管理好自己，我们将评出'最佳优秀监督员'，到时吴老师拿真水果犒劳大家，好吗？"

"好嘞！"一阵热烈的欢呼声！

"下面我宣布庆祝会第四个环节——各位宣誓表决心！"

这次，大家都发起语音。

"我宣誓，我会为班级的监督工作倾尽全力，并管理好自己！"熊港说。

雷晨不甘示弱："我宣誓，我以后会改掉自己的陋习，认真监督同学，自己也要进步。自己做好了才能管理好同学！"

接着，罗伊莎、肖友涛等一本正经地宣誓着。

五、监督会会规——规则更明确

宣誓完毕后，我借机说："君子一言，驷马难追，如果没做到怎么办？"

"没做到的话我这个暑假就跟我妈去打工，不玩电脑和手机！"

"孩子们，那是家里的惩罚，不是我们监督会的。"我引导着。

"做不好我抄班规！"罗伊莎抢着说，"2遍！"

"我也是！"陈鑫也抢着说，"还有背校规！《中学生守则》！"

"如果三次没做好，怎么办？"我继续"穷追不舍"。

"那由谁来算？"

"自管会！"孩子们热烈地讨论着。

我宣布了监督会会规：

（1）管理好自己，如果违反纪律，背《中学生守则》。

（2）三次以上自管会出面进行管理。

（3）监督自管会干部，需监督好班级干部，并做好记录。

（4）周五晚7点共同讨论。

（5）每周评出"优秀监督员"，并获得一定奖励。

（6）根据每日考核，优秀的可升级，落后的要留级。

突然，一个孩子冒出疑问："老师，班级自管会大，还是自管监督会大？"

看来大家对监督会的认识还不够，还需要引导。

"孩子们，这不是大不大的问题，是互相监督，没有大小，只是职责分工不同。作为班干部，应考虑为班级服务的问题，而不是为了谁大谁小。"班级干部观念引导需要一个长期的过程。孩子马上发出"嗯嗯"的声音以示明白。

"今天到此结束，再放一次鞭炮！"监督会庆祝大会在一阵喧闹的鞭炮声中圆满结束！

第七辑

心态调整微创意：解解情绪方程式

一个班级里的"情绪场"会影响班级的孩子。唯有温暖和谐的"情绪场"，才能滋养出一个心胸开阔、思维敏捷、平和上进、快乐积极的群体。因此，我们需要用创意的方式教会孩子合理宣泄、积极暗示、自我调整、掌控情绪，解开心灵的密码，营造快乐和谐的"情绪场"。

37 考前减压，妙不可言
——创意解压缓解复习紧张

随着升学考试的临近，焦虑、浮躁等负面情绪接踵而至。研究表明，一个人取得成功，智力因素只占据 20%，情绪的调节则占 80%。此时，我们该用何种方式调节孩子们的紧张情绪呢？

一、来一场劲爆的欢乐——跳草裙舞

最近，男女生 PK 赛中，男同学输了。班级约定：谁输了谁跳草裙舞。我想，在紧张的复习中，给孩子们来一场劲爆的欢乐，让孩子们释放一下压力又何妨呢？

劲爆的音乐、照相机、摄影机准备就绪。桌上放着道具——网购的草裙、花环、手环。观众眉开眼笑，掌声雷动。只见 XG 一手在上，一手在下，两手像拨浪鼓一样旋转着，引发全班一阵大笑。

随后男生同盟的肖友涛跳上讲台，轻巧地摇摆着双手，撅着臀部，手臂在空中伸展、蜿蜒，荡起了一个大波浪，活似个印度美女，引得全班爆笑，拍手叫好。

其他男生也簇拥着上了讲台，一群精灵来到人间起舞，大家笑得是前俯后仰。

全班都沉浸在喜悦中，每个人都尽情地拍手，酣畅地释放着压力，身体变得轻松起来。

表演完毕后，我走上讲台说："孩子们，感谢男同学给我们提供了一次放松的机会，让我们有力量去迎接升学考试！"

"我们会努力的！"大家都鼓足劲头。

一场 PK 赛的小小插曲，不仅是一次承诺的兑现，更成了一场欢乐劲爆的放松活动，让孩子们宣泄了压力，再次燃起了奋斗的激情！

二、来一场悚然的惊吓——看恐怖片

研究表明，当一个人紧张时，突然的惊恐能使人宣泄压力。

这天，我悄悄地安排班上的孩子找个片长 3 分钟的恐怖短片。他果然不负所望，找了个 20 多秒的恐怖短片。我审核了下，正合适。

后来，我故弄玄虚地说："孩子们，今天我们一起看电影！"

同学们个个笑逐颜开，大家聚精会神地盯着屏幕：

屏幕上空空的屋子里，一把椅子静静地立在中间，椅子一直静默着，静默着……

接着，椅子开始微微晃动。

突然，椅子后面赫然露出一张惊恐的脸，伴随着一声长鸣般的嘶吼……

孩子们不由自主地叫起来，有孩子害怕地捂住了脸，有的嘴巴成了大大的"O"型。

陈芷昕捂着胸口说："吓死我了！太吓人了！"

"哎呀，我看是把椅子，咋跑出来张脸！"

我笑着问："大家感觉如何？"

"怕！"

"一身冷汗，身体好像变轻松了！"

我走到孩子们中间，说："当人处于极度紧张的时候，受到刺激后会出现心跳加快、手心出汗等反应。过后，紧张感自然就得到了释放，心里就像放下一块大石头一样！"

为了不给胆小的同学留下阴影，我继续引导道："当然，我们理性地想想，其实这些影片的内容都是假的，所谓的恐怖片，只是自己吓自己的心理游戏而已。"

宣泄后，需要平稳的过渡，保持舒畅、平稳的心情才是我们宣泄压力的根本目的。看着孩子们一脸的释然，我知道我的担心是多余的。

三、来一场放肆的宣泄——展喜怒哀乐

早上，教室里死气沉沉。复习期间，最怕这般死寂！我想，干脆给孩子们空间，自由展示自己的喜怒哀乐，以此来宣泄自我！

"孩子们，今早大家可以自由活动，想做啥就做啥！"

"老师，我不想动！"一个孩子有气无力地说。

"不想动，展示下表情总可以吧！"我努力地调动孩子们的热情！

"大悲！"一听到这词语，有的孩子张大了嘴巴，发出"哇哇"哭泣的声音，整个教室一片鬼哭狼嚎。

"大喜！"哈哈声此起彼伏。

"大怒！""大叫！"……

"不要怕，不要伪装自己，把自己最想展现的一面展示出来吧！想怎么做就怎么做！"我不停地调动大家的情绪。

"老师，那你到教室外面去！我们自由发挥！"

"好好，我到教室外面去！"我大步流星地走出教室。孩子们在老师面前无法展示真正的自我，给他们空间，让他们自由地宣泄吧！也许放纵一下，一切就迎刃而解了！

关上教室门，教室里一阵"乒乒乓乓"的声音，打闹声，喧哗声，不绝于耳！

我站在走廊上，静待一切归于平静，然后走进教室，问："孩子们，轻松了吗？"

"轻松了！"孩子们兴奋地看着我。

"孩子们，只要注意场合，展示真实的自己，也不失为一种减压的好方法！"我轻描淡写地说了几句，然后开始上课，一切正常！

窗外阳光明媚！一切温暖如初！

四、造一次安静的氛围——用芳香SPA

复习越是紧张，越要让孩子们内心宁静！

午休时分，我点了几盘檀香放在教室里。几个孩子走过来好奇地打量。

我打趣地说："闻闻，就闻闻。"费杨狠狠地吸了一口气："哇，怎么没有闻到呢！"

"你要把心沉下来，用心地再闻闻！"

我又点燃了几盘檀香，几个孩子争先恐后地帮着放在了教室的四个角落。清幽的香气慢慢地在空旷的教室里扩散开来。

"太好了，我可以不被蚊子叮咬了！"李朵咧着嘴笑道。

"老师，我有种想睡觉的感觉！"刘宇航开始嚷嚷。

"是呀，老师今天就是需要大家安安静静地睡觉呢！"

"老师，我还是没有闻到香味呢！"袁飞嘟哝着。

"这样，孩子们，我们先来调节一下呼吸，享受香气是需要心境的。请同学们闭上眼睛！"我故意把声音压得很低，"咱们在心里默默地数着一、二、三、四、五，一直数到十！"我把声音压得更低，"然后再由十倒着数到一。在心里默念哟！"我提醒着大家。孩子们都闭上眼睛，教室里透着宁静，只有阵阵香气氤氲缭绕在上空。

"老师，我闻到了！"

"孩子们，我们需要让自己静下来，香气正好可以帮助我们忘掉身边的烦恼，忘掉忧愁！"

有孩子提议放音乐。

电教委员跃上讲台，放起舒缓的轻音乐，关灯，拉窗帘，孩子们开始午睡。

音乐像清泉般倾泻而出，伴着馥郁芬芳，把整个教室织成了一张温暖柔软的薄纱，轻轻地抚慰着每个孩子的心田……

38 解析焦虑方程式

——创意调整消除考试焦虑

面对考试，很多孩子会有各种各样的顾虑，越临近考试越焦虑，怎么办？如何让孩子们坦然面对考试，消除不必要的焦虑呢？

一、坦然面对焦虑——实现认知重建

这天，站在讲台上的我，看着下面有气无力、目光呆滞的孩子们，心里不免隐隐作痛。但越是这个时候，我越不能表现出自己的焦躁，有时坏情绪是会互相影响的。

心理学研究表明：人在困难还没被克服的时候，就自然产生焦灼感。重要的考试属于面临的困境，在没完成考试之前有焦虑是正常的。我需要让孩子们认识到有焦虑是正常的。

我把语气尽量调整到让孩子们舒服的状态，关切地问大家："孩子们，最近大家好像心事重重的！"孩子们轻轻抬起头，又低下去。

"大家莫非都在为自己的前途担忧！"

"我怕自己考不好！"云徐马上倒苦水。

"老师，我晚上睡不着觉，怕自己发挥失常。"芷涵皱着眉，嘟囔着说。

教室里七嘴八舌，交头接耳。孩子们互相倾诉也不失为一种宣泄方式。

"孩子们，你们到底在担心什么呢？"我进一步问。

"我怕考不上高中！"

"我怕辜负爸爸妈妈！"大家各自倾诉着自己的焦虑。

"有这样那样焦虑的同学请举个手！"哗啦啦，全班一大片。孩子们环视了一下四周，面面相觑。

我莞尔一笑："看来，我们都是有焦虑的正常人呀！有适当的担忧是正常的！"孩子们听了，微微松了一口气。

"那这些担心来了吗？"我继续追问。

大家摇摇头。"既然没来，我们这不是杞人忧天吗？"我大笑着说。孩子们的表情有些舒展。

"所以，坦然面对焦虑，有时还有助于我们进步呢。有了焦虑，关键是要懂得如何看待焦虑，如何调整自己的焦虑！"孩子们的表情变得更为平静。

二、分析焦虑方程式——践行自我指导

有了正确的认知后，还要教会学生解开"焦虑方程式"，看清楚自己最单纯的需要，理清自己卡在哪儿，该如何应对。

"接下来，我们把焦虑做成个方程式，试着来解析一下，如何？"

孩子们惊讶于焦虑也有方程式。

我写道："焦虑 = 无力感 × 不确定性。"

有孩子一头雾水。

杜心雨起身说："老师，我的理解是因为对自己的能力缺乏准确的判断，觉得前途渺茫，无法把握，因此才会产生焦虑。"

我一边点头一边引导大家思考。

刘宇航兴奋地站起来说："老师，无力感越大，担忧就越大！无力感越小，担忧就越小。"

杨丹也站起来说："我的理解是需要把方程式换了。"她顿了顿，"把无力感换成目标，把不确定性换成动力，最后得出的就是不担忧。"

我惊讶于孩子们举一反三的能力，在黑板上写上："不担忧 = 目标 × 动力。"

孩子们继续深入："老师，增强了实力，就会变不确定为确定，变无力感为有力感。"

我为孩子们能够层层递进地思考焦虑这个方程式而深深地震撼着。

三、解开焦虑这个结——增强改变动机

我们需要孩子们深刻剖析自己的情况，从自我入手，由感性感知上升为理性分析，从而让孩子们直面自己的焦虑。我给孩子们发了张表，告诉大家："孩子们，让我们一起深入分析自己的焦虑，看一看我们的焦虑是不是没有那么可怕？"

表5　解决焦虑平衡表

姓名	
我的焦虑	
我拥有什么	
我没有什么	
我能把握什么	
我不能控制什么	

有孩子说自己的焦虑是"考不上"，但拥有勤奋、认真，没有的是持之以恒。能把握的是自己还有想考上的愿望，而且各个科目很平衡，不能控制的是考试的结果。

在分析自己焦虑的过程中，孩子们认清了自己的优势与不足，也明白了自己能把握的事，清楚了有些是不必要的担忧。在理性思考的过程中，就不再盲目焦虑。

四、给出焦虑解决法——促进心理重塑

当然，最重要的还是找到解决焦虑的方法，把负面情绪转化成一种正能量。通过讨论，我们得出以下消除焦虑的方法。

（1）固定时间排空法。

每天将所有的烦恼放在固定的时间排空，进行宣泄，让自己其他时间保持不焦虑的状态。

（2）反其道而行之法。

决定我们心情的不是事件本身，而是自己对这件事情的看法，越是害怕什么，我们就越要专注什么。

（3）假托外物法。

当我们有焦虑时，给自己找一个能寄托的东西，把所有的烦恼都倾泻在上面，比如"给我一块忘忧石"。

（4）积极暗示法。

当自己感觉到焦虑时，不妨用积极的方式暗示自己："没什么大不了的，我一定会挺过来的！"人的想法越积极就越容易向积极方面发展。

（5）角度转换法。

"横看成岭侧成峰"，看问题的角度不同，往往产生的结果也不同。其实很多事情并没有我们想象得那么糟糕，换个角度，心胸自然开阔。

当我们讨论结束后，我笑着问孩子们："以后产生了焦虑，知道该怎么办了吧！"孩子们重重地点点头："老师，其实一切都是自己吓自己！"是呀，生活中很多烦恼都是自找的，我们能做的就是放下！

39 开启逆袭之旅

——创意心灵辅导提升自信力

保送考试结束后，没被保送的孩子组合成新的班级。经历了失败的孩子们，感觉自己升学无望，没有学习动力。面对这样的孩子，我该怎么办呢？

海伦·凯勒说过："当一个人感觉到有高飞的冲动时，他将再也不会满足于在地上爬。"如何迅速激发孩子们的斗志呢？我开启了孩子们的逆袭之旅。

一、一份调查——了解情况

新班组合后，我对孩子们进行了调查，了解孩子的想法是做好一切的前提。

表 6　逆袭之旅调查

你的目标是什么	
你的担心是什么	
你准备怎么做	
你对新班的期待	

在"你的目标是什么"中，全班 58 位同学，3 位同学的目标是考上重点高中，37 位想考普高，9 位想读职高，5 位"不知道"，4 位没有填。由此可看出：大部分学生目标明确，班级主流已明了。

在"你的担心是什么"中，28 位同学担心自己"考不上"，10 位同学担心自己"坚持不够"……

总结得出：经历了一次保送考试打击的同学们信心不足，这 12 天我的任务是让孩子们有奋斗的信心，有持之以恒的动力。

二、一句哲理——点醒实际

让孩子们明白过去失败的原因，端正态度，才能开启逆袭之旅。

我开门见山道："今天我们相聚在一起，有悲痛，有茫然，也想从头再来。不管怎样，我们都得回头看看自己走过的路！"

我在黑板上写上："你讨厌的现在，都有一个不努力的曾经。"我没有急着给孩子们讲，而是给孩子们思考的时间，此时，每个孩子的心里一定百感交集。

1 分钟后，我提高声调问："因为保送失败，有的同学对现在的自己不甚满意，但是你们想过没有，自己以前是不是真的尽力了呢？"有的孩子低下了头。

"是不是别人在努力，你在玩耍？是不是别人在问问题，你在浪费时间？是不是别人在认真听讲，你在开小差？一个不努力的曾经铸就了今天的我们。每个优秀的人都会有段沉默的时光，不抱怨，不责难，不断努力，忍受着孤独和寂寞，黑暗中也能盛开出最美的花。"孩子们的眼睛开始发亮了。

我继续"点火"："所以，我们要做的就是试着给自己一点压力，如果你不对自己狠一点，升学考试就会对你狠。从来就没有改变不了的未来，只有不想改变的现在。"

看着孩子们已昂着头。我微笑着总结道："在不久的中考中，你会发现一个全新的自己，到时候也一定会感谢现在拼命的自己！"

三、一首诗歌——引导心态

我打开投影仪，送给大家一首歌词：

每个人心里一亩一亩田，

每个人心里一个一个梦，

一颗呀一颗种子，

是我心里的一亩田。

用它来种什么？

……

"我想同学们心中也该有亩田，就看你准备用来种什么。"

吴梦奇回答说："我想用它来种勤奋，希望勤能补拙！"

肖友涛说："我想种下希望。"……孩子们的答案各不相同。

我鼓励孩子们："种瓜得瓜，种豆得豆。时间花在哪儿，成就就在哪儿。好心态，好人生。有什么样的心态，就有什么样的人生！调整自己的心态，最后12天，只要你愿意逆袭，就很有逆袭的可能，这样的心态，你准备好了吗？"

"准备好了！"孩子们坚定地看着前方，但是声音还不够洪亮。

我继续鼓励大家大声些。

"准备好了！"

四、一个故事——树立信心

为给孩子们树立信心，我给孩子们讲了明星史泰龙的故事。

孩子们很兴奋，我告诉大家："史泰龙的母亲是一个酒鬼，父亲是一个赌徒。"

我继续说："我们班同学中有爸爸是赌徒，妈妈是酒鬼的吗？没有吧！说明我们出身比他好呀！"孩子们扬起笑容。

"他想当演员。但这样一个家境贫穷，没有文凭，也没经过专业训练，且长相也不过关的人去当演员，大家想会成功吗？"孩子们没作声。

"他来到好莱坞，找明星，找导演，找制片人，找一切可能使他成为演员的人，但他一次又一次地被拒绝，同学们，你们猜他被拒绝了多少次？"孩子们摇摇头，我在黑板上写下了"1850"这个数字，教室里安静得出奇。

"同学们，你们被拒绝过1850次吗？没有，仅仅一次保送考试被拒之门外而已！"我顿了顿说，"他知道，失败一定有原因，每被拒绝一次，他就会认真反省、检讨、改进一次，每次被拒绝，都是一次学习。终于有一个拒绝了他二十几次的导演同意给他拍一集的机会。机会来之不易，他全身心投入，第一集电视剧就创下了全美最高收视纪录——他成功了。"孩子们眼神里满是惊讶。

"他懂得在失败中吸取教训，他不仅是想成功，而是把每次失败都变成了下次成功的动力！所以，孩子们，用你的行动力和持久力来铸就自信力吧！"教室里还是一片安静，我知道每一个孩子都在思考史泰龙，也在思考自己。

五、一张报纸——逆袭有术

根据调查表，我知道孩子们缺乏的是自我超越的具体方法。我也明白，只有自己最了解自己，也只有自己才能找到适合的方法。

"同学们，逆袭是需要行动的，有了具体的行动才能成就自己！行动需要方法，所有的盲目都是蹉跎。所以，今晚的作业，大家就以'逆袭有术——超越自我'为主题，办张报纸！"我没给具体的方向，给孩子们审视自我是最好的逆袭术吧！

果然，孩子们的"逆袭术"各有千秋。

柏云云解释了什么叫逆袭："所谓逆袭，就是在原本身份、地位、资源、能力等均处于下风时，突然通过某种手法战胜对手或完成了不可能完成的任务。"

黎馨余写了自己的一周总结和后期的计划。姜春燕画了幅漫画来形容自己的现状：一个人走在悬崖的半路中间，一头是出发的地方，一头是自己想抵达的地方。

看着孩子们的"逆袭术"，我被深深地震撼了，逆袭之旅已开启，自信靠自己给！真正能够让自己内心强大的是——自信！

愿孩子们能够在不远的将来，驶向更美的远方，哪怕风雨兼程！

40 梦想也能公开谈

——创意唤醒铸就梦想力

当一个人坚定梦想，明确目标时，他的动力是不是更大了呢？他的担当精神是不是更强了呢？在落榜和实力不强的双重压力下，很多孩子开始对自己的前途产生怀疑，不知所措！于是我产生了让孩子们"大胆公开梦想"的想法。

一、想象美梦成真的情景——重燃梦想

我将课堂小练安排为"写出你的梦想"，短期的、中期的、长期的都行，然后想象实现梦想后的情景！

谢润的梦想很沉稳："梦想是考上高中，实现后，我将会拥抱妈妈。回想着自己挑灯夜战奋斗的曾经……"

梁燕的梦想很浪漫："我的梦想是四处旅游。站在一个叫格拉斯的小城，享受蓝蓝的天空，古朴的小屋，那儿有我想要的快乐，还有沁人心脾的芳香……"

还有的想当老师、美食家……大多数孩子写的是短期梦想：考上高中。

一个孩子的梦想引起了我特别的注意："当我实现了梦寐以求的高中梦想后，我想原来我并没有那么差，只是没有把心思花在学习上而已。当我踏进这个美丽的高中校园时，碰到了班上的同学，他们惊讶地说：'你居然考上了！'此时我会淡定地回答：'因为我有了前进的动力，我的潜能爆发出来了。'"

看着这样的文字，我百感交集：孩子们都是渴望成功的，只是因为自信心不够才不敢去做。

二、听同伴的逆袭传奇——感染梦想

班会课上，一个孩子嚷嚷道："老师，想象的都是假的，不可能实现的。"我心里咯噔一下。

我走到孩子们中间说："诗人余光中曾说过，要做个自始至终的理想主义者，因为高尚的情趣会支撑一个人的一生，会让你在严酷的冬天也不会忘记玫瑰的芳香，理想会让人出众。不管我们的梦想能否实现，保持一份高贵的梦想，并持之以恒地去努力，就有抵达的可能。"

同时我说道："比如说我们班上的 XYT 同学，他就是想到普高班来学习，但自己被分出去了，他不断想办法，最后美梦成真！让我们来听听他的想法，好吗？"孩子们热烈鼓掌。

XYT 羞红着脸走上讲台，说："我知道自己暂时考不上普高，只能在职高班。但我还是想考普通高中。我想，难道我就一直这样玩下去吗？不行，我要努力奋斗。"XYT 眼神坚定，其他孩子也融入了他叙述的情景中。

"我找到吴老师，说我要到普高班！吴老师说，需要找个愿意调换的同学对调才行，还需要年级分管主任同意。于是我到处找愿意调换的同学，一个个问，无果。我不甘心就这样放弃。我又找主任，不断地向她表达自己的愿望！周一早上，我又去找她，我急得哭了，我说我愿意好好学习，主任冷冷地说：你以前考了多少分？我说 200 多分。她说：你三年都没有变化，难道最后十几天就开始变化了。我开始哭起来，保证道：这十几天我要让自己进步 100 多分，不信，就请看我的表现。看到我的坚定，她同意让我到普高班。我知道要进步有很大的困难，我也明白自己要考上高中很吃力，但我还是想为自己的梦想努力奋斗一番！"孩子坚定地看着前方，其他孩子沉默了一会儿，继而是一阵雷鸣般的掌声。

三、向全班同学吼出梦想——说出梦想

接着，我开始鼓励孩子们："梦想需要让别人知道，可以让别人督促我们做得更好！"

我邀请李耀说出他的梦想。李耀扭捏着站起来说："我的梦想就是考上

高中！"说得不够自信。

我继续鼓励："有梦想就是要不顾一切地去追逐，连说的勇气都没有，还有追的勇气？"李耀顿悟，大声说："我的梦想是上重点高中！"趁热打铁，我也大声吼着："同学们，你们说他的梦想能实现吗？"

大家异口同声地说："能！"

罗雅主动站起来，声音虽小却异常坚定地说："我的梦想是当医生。"

我继续问："她的梦想能实现吗？"

"能！"声音震耳欲聋，为整个教室注入了热情。

于是三个，四个，五个……整个教室像向日葵一样灿烂，熠熠生辉！

四、跟熟悉的人交换梦想——肯定梦想

接着，我要求孩子们："同学们，下面我们跟自己熟悉的人交换梦想，并问问：我的梦想能实现吗？"

有了刚才的带动，教室里沸腾起来了。

我轻声问陈鑫感受如何？陈鑫咧开嘴笑了，兴奋地说："我问同桌他觉得我能实现我的梦想吗？听到同桌说'你能实现你的梦想'时，我的心里很高兴很激动，顿时有了无尽的动力。"

我感觉学生的梦想在慢慢升腾！

五、向不熟悉的人强调梦想——坚定梦想

"孩子们，如果你的梦想足够坚定，那就该向自己不熟悉的人说出自己的梦想，你敢吗？"我故意挑衅孩子们。

"有什么不敢的？"

"记得，要有礼貌，可以说：打扰一下，我的梦想是……你说我能实现吗？"

同学们走下位置，走向不熟悉的同学。

我问大家："找3个以上不熟悉的同学强调梦想的同学，请举手！"台下一片响应。

"接着我们要加大难度，向不熟悉的异性同学说出自己的梦想！"有的孩子故意高声狂叫一番，也有鬼哭狼嚎的，最后还是大胆地走向异性同学。经过几轮的鼓动，大家已没了当初的羞涩。

在不断的诉说中，梦想已悄悄在孩子心中生根，发芽，开花。

六、在显眼处展示梦想——扎根梦想

一天，我让布置教室的周平，找个显眼的地方，邀请愿意把自己梦想展示出来的同学把自己的梦想写出来贴上去，让大家每天都能看到自己的梦想，找到不断奋进的力量。

下午，我发现教室后面写着梦想的便签已快速亮相！周平面露喜色，说："老师，他们一个个一会儿工夫就展示出来了！"

我难以想象，孩子们那郑重其事地把写着梦想的便签，有秩序、庄严地贴在墙上的那一幕。梦想已深深扎根在每个孩子的心里。公开梦想，就是在公开决心，就是在铸就成功！

41 谁都拥有最佳姿态

——创意测试改变懒散状态

期末已进入白热化状态，各个科目轮番上阵，孩子们常常顾此失彼，无法兼顾。有孩子像坐以待毙的羔羊，没了生机；有的孩子变得浮躁、敏感，无法坚持，开始自暴自弃，半途而废。

我们永远无法要求所有的孩子步调一致，我要做的就是给孩子调整学习状态。

一、一个明确——最佳姿态 VS 不在状态

针对这次英语作业的情况，我问孩子们："大家看，同样在一个班学习，同样的时间，同样的作业，大家的差距怎么那么大呢？关键是什么？"孩子们默不作声，我故意放慢速度一笔一画地在黑板上写下"学习状态"几个字。

"什么是学习状态呢？"我继续自问自答，"就是精力的集中程度和学习的投入程度。"孩子们认真地听着。

"学习状态是由学习能力、学习动力、学习情绪组成的。学习能力每个同学都有。学习动力未必每个同学都有。那是靠老师给吗？"大家摇摇头。

"学习情绪呢，要靠自己调整！同学们，每个人都有过全神贯注的状态，也有过不在状态的情况！关键在于自己！"我把"自己"两个字加重了语气。

"不在状态的学生，整天稀里糊涂过日子。表面上看按时上课，似乎认真听讲，然而课后不加以温习，整天迷迷糊糊。"我停顿了片刻。

"还有同学作业马虎了事，还有些同学常常忧虑自己的学习，却没有

真正行动过，这些都是不在状态的表现。"我表情严肃，有孩子已惭愧地低下了头。

我再次强调："所以，是最佳姿态还是不在状态只有自己最清楚！"

二、一个自省——亡羊补牢VS病入膏肓

为让孩子们进一步明确自己现在的状态，我列出了最佳学习状态的四点特征——自信、精力集中、沉静的心态、投入的程度，让同学们自我衡量。他们变得若有所思。

我又让同学们做了个测试，对照"不在状态十标准"，看自己中招了几条。

（1）对学习产生恐惧。

（2）上课易发呆、东张西望、做小动作。

（3）上课专注力低、易受干扰。

（4）学习压力大，有不想学习的厌烦情绪。

（5）胆小，不自信，觉得自己考不上。

（6）懒散，积极性差，老师说做什么就做什么。

（7）作业当任务完成。

（8）回家没自觉性，完全没自控力。

（9）做事情爱拖拉。

（10）考试前紧张，但考后依然没动力。

片刻之后，我开始统计："中招一条的请举手！"班上有少量同学举起了手。

我解释道："只有一条，说明你是正常的，因为一个人有一些压力和问题是正常的。"举手的几个同学舒了口气。

我继续问："一条以上，三条以内的请举手。"大部分孩子举起了手，"这部分同学，需要稍做调整，调整一下学习状态，就能恢复好！"

我再问："三条以上的请举手！"教室里稀稀拉拉地有几个人举起了手。

我放慢速度道："孩子们，如果中招三条以上，千万要注意呀，赶快调整，真的有些严重呀！"有的孩子慌张了起来。

"不过，孩子们，两三条也好，三条以上也罢，就像一个人得了感冒，不要把重度感冒当作癌症来看待，我们还没到病入膏肓的地步，只要愿意学习，永远不会晚，亡羊补牢，未为晚矣！"孩子们都聚精会神地听着，坐得极其端正。

三、一个定位——自找动力 VS 原地不动

接着，我追问大家："怎样才能达到最佳状态？"大家都安静地听着，不说话。

"孩子们，保持最佳的学习状态，是需要调整和改变的。比如现在老师给你的启发，家长给你的希望，同学给你的监督等等，这些叫浅度调整！"

"深度的调整，就需要挖掘自己内在的力量，要明确自己内心真正需要的是什么，只有找到自己的内在原动力，才能够深层次地进行调整。"我顿了顿，教室里异常的安静。

我继续说道："所以，孩子们，所有靠外力的调整都是外部调整，效果较为缓慢；而靠自己的内部调整，效果才能长远。"

"我一定要考上重点高中！"刘宇航在底下吼了声。"对了，像刘宇航刚才这样，就能找到自己的原动力，才不至于原地不动。"

四、一个行动——立即行动 VS 三分钟热度

为了激发孩子们主动调整自己的状态，我需要给孩子指导方法。

"如果想调整自己的状态，我们需要三驾马车：给自己目标，给自己正能量，给自己集中精力的理由！"

"老师，我准备从今天开始，在桌子上贴上'一定努力'几个字。"

"老师，我想每天按计划单，一个任务一个任务地完成，不完成不罢休！"

看着孩子们热血沸腾，我不得不给孩子们一点"清醒剂"："孩子们，每个人都可以调整到最佳姿态，但需要立即行动，而不是三分钟热度！"

于是，我又出示了"最佳状态标准"："我们试着按照这个标准去做，相信大家的学习状态会越来越好的。"

（1）爱动脑筋，爱观察，独立完成学习任务。

（2）有钻研精神，爱提问，上课专注。

（3）学习有计划，会不惜一切代价完成计划。

（4）有一套适合自己的学习方法。

（5）会查漏补缺，且认真听取别人的意见。

（6）喜欢阅读，有意识地拓宽知识面。

（7）写好每次作业，不管多与少，都认真完成。

（8）合理安排自己的业余时间，有自控力。

（9）每天按时完成任务，不拖拉。

（10）有调节情绪的能力，积极乐观。

（11）不断给自己寻找上进的动力。

（12）考试时不浮躁，平时状态要沉静。

孩子们，愿你们永远保持最佳状态，老师期待着！

42 传球传出好体会

——创意体验引导双赢心态

俗话说：一山难容二虎。一些孩子学习上实力相当，却没有互相欣赏的意识，反而互相嫉妒诋毁。如果孩子没了双赢的心态，步入社会以后很危险也很辛苦。为此，我搞了"传球挑战"的活动。

一、传球三轮味不同——增加体验

准备 9 个篮球，在操场上画上可容 6 人、间隔一人距离的 9 个圈。把学生分成 6 人一组，共 9 组。

在操场上，我给大家介绍了游戏规则："站在圈的线上，注意距离，6 位同学传球传完整的 5 圈，在 20 秒内完成就算成功，没有完成，本组集体接受惩罚，做 20 个下蹲。"

孩子不屑一顾："这么简单的游戏！"

"老师，传球能传出个什么所以然嘛！"

我让大家别着急，好戏就要上演。

哨声一响，大家都争分夺秒，为小组不被惩罚而齐心协力地努力着。

一轮结束后，完成的小组兴高采烈，没完成的小组甘愿受罚。

"下面进行第二轮。三组间，分别安排两个同学到其他组，比如组一安排两个同学到组二，组二安排两个同学到组三。20 秒内传球 5 圈，没完成的原来小组的成员受罚！记住，是原小组的成员受罚！"我不住地强调。

换了成员后，有孩子开始故意偷懒了。第二轮结束后，完成最慢的小组接受惩罚。有同学开始埋怨"外来成员"，"外来成员"很不服气，也"反唇相讥"。

我不动声色，继续第三轮传球。

"第三轮，还是原组的成员，但要求在 15 秒内完成 5 圈，没完成的话，抱着球的同学不受罚，其他成员受罚。"听我这么一说，出现的情况更是花样百出：有孩子抱着球不动，有孩子把球往更远的地方扔。

我仍没有发表意见，静静看着眼前发生的一切。因为教育是需要等待的。

二、新奇感受互相谈——自我反省

三轮传球完毕后，回到教室，看着孩子们个个大汗淋漓的样子，我笑着问大家传球过程中有何感想。

计时的杨丹兴奋地说："看着同学们把手里的球像烫手的山芋一样丢出去，我都紧张。有的组完成了，松了口气；有的组聚在一起加油！各个组的心态不同，表现就不同。"我微微点点头。张星则说："第一轮，一听'开始'，我们飞快地传，顺利完成任务。第二轮，规则变了，一开始还顺利，后来其他组派来的一个人不专心，抛歪了，浪费时间，就没完成。第三轮，有同学故意没完成，让我们受罚。这些让我感悟到：当一个人有自私的想法时，行动也跟着丑陋起来。"杜心雨缓慢地说："同学们，为何我们老是想着自己，而不想着齐心协力一起完成任务，大家都赢呢？"

"就是，大家都赢，多好呀！"慢慢地，大家你一言我一语地议论开来。

三、深刻内化悟双赢——理性思考

孩子们的讨论，已慢慢说出我想说的了。很多时候，孩子的感悟是在互相讨论中碰撞，在碰撞中升华的。

我接过话来："孩子们，刚才大家把自己看到的现象描述得很清楚，同时，大家也提出了一个疑问：玩游戏时，怎么想到的都是自己，而没有想到以'双赢'的方式解决呢？"大家都沉默着，教室里一片沉寂。

"孩子们，我们现在的状态是我好你不好，这叫'损人利己'。"我边说着边在黑板上写着："我好你不好——损人利己 $= \frac{1}{2}$。"

我继续说："我不好你也不好，是两败俱伤。"我写上："你好我不好——

两败俱伤 =0。"

"可孩子们，我们为什么就不能思考你好我也好这种利人利己的方式呢？"我继续写着："你好我也好——利人利己 >2。"孩子们都静静看着我。

"为什么我们没有双赢思维呢？是因为我们总是在想别人要为我们怎样地付出，而没有想想，我们怎样地为别人付出！"此时，我无须隐瞒什么，一针见血地点出问题是最好的。孩子们听了也是若有所思。

"我们再深入想一下，只有自己赢了会有怎样的结果？"

"别人会不高兴！"

"我们的关系会越来越糟糕！"

我继续问："如果我们都赢了呢？"

"大家的关系越来越融洽！"

"会形成良性发展，大家都成功，成功的次数就越来越多！"孩子们的认识越来越积极，越来越深刻。

于是，我继续引导道："要想双赢，首先得想想不双赢的后果，其次就是同理心，想想别人需要我们怎样付出，多为别人着想。当然人与人之间需要真诚相待，这是起码的条件！"我稍微顿了顿，"孩子们，双赢的思维，不仅是用于朋友间，用于自己的竞争对手，还可以用在我们与班级，我们与学校，我们与社会之间。双赢才能让世界更美好！"孩子们使劲儿地点点头。

最后，我引用了马云说过的几个词语："人与人间，如果首先是'看不惯'，然后关系就会生疏，变成'看不懂'，等两个人生疏了后，互相就会'看不起'，这样会越来越生疏，其实这样已'看不远'了，最后你们的关系就会'来不及'了。任何人不可能脱离集体而独自存在。请多多帮助别人，赠人玫瑰，手留余香！"

刘宇航马上说："老师，学习上的问题也是这样的。我们不喜欢哪个科目，先是看不惯，然后慢慢就看不懂，就越来越不喜欢这一科，就成了看不起，其实这个时候我们已看得不远了，等真正需要的时候，已经来不及了！"全班响起了一阵热烈的掌声，孩子们已明白双赢的思维了！

这次，我并没有感觉到轻松，因为在这个竞争日益激烈的社会，交给孩子双赢的心态，仅是个起点，未来任重而道远！

第八辑

学习动力微创意：发现强大的自我

学习是学校生活的主旋律。学生在不同时期、不同阶段会出现不同程度的学习动力不足、学习习得性无助，甚至丧失学习信心和学习热情的现象。此时，需要教师用创意来点燃学生学习的热情，激发学生学习的动力，从而让学生找到内在成长的方向，补给成长的动力！

43 开动潜力挖掘机
——创意调动点燃复习激情

期末，给孩子们定期末预考的分数。如果能够把期末的考试成绩和孩子的理想结合起来，把期末考试上升为实现理想的一个阶梯，岂不是一举两得！那么如何让学生开动"强大自我"的潜力挖掘机呢？

一、设计"理想成绩单"——看到渴望

只有看到渴望的人，才能给自己的学习注入强大的兴奋剂，真正发现自己的潜力。

全班同学都渴望期末能考个理想分数。于是，我请大家设计一份理想的成绩单，把自己理想中的分数写出来。孩子们心动地认真设计起来。

大家的理想成绩各不相同，呈现形态也各异，有同学设计成了录取通知书、毕业证的样子。

接下来，展示自己的理想成绩单。黎馨余大方地走上台说："我设计了自己的潜力分，这就是我理想的分数！我会努力去实现的！"说完，坚定地做了个"V"手势。

黄思毅说："我设计的分数，我知道我是达不到的！"教室里一阵大笑，我说："不用担心，至少这是你心里想的分数呀！一个勇于承认内心渴望的人，就会去关注自己想要的东西，并努力奋斗。"

二、打倒"问题拦路虎"——直面现实

解决问题的前提是承认问题的存在，直面问题是关键。

"既然大家觉得理想成绩的实现有阻碍，那让我们来直面这些阻碍。请

写出阻碍你实现理想成绩的拦路虎!"孩子们开始静静地思考自己的"拦路虎"有哪些。

有孩子用随笔展示:"我的拦路虎就是不够自信。"

有孩子用画展示:手捏一双筷子,把拦路虎轻轻松松地夹上,潇洒地扔掉。还有把自己的拦路虎设计成"幼虎,成年虎,壮虎,首领虎"几个等级,并创造了几套不同的"打虎棒法"。有孩子设计成漫画,拦路虎就在路途中,如玩游戏,谈恋爱,睡觉,上网等。

虽然思考层次不同,但相同的是,孩子们都能冷静地分析问题,认清弱势,找到症结,为发掘潜能打下了基础。

当然,不只要知道自己的弱势,还要找到"柳暗花明"的那条道路。

三、绘出"理想彼岸图"——想出对策

我在黑板上勾勒了两条波浪线,说这代表河流,让大家想象一下,现在他们就站在河的这头,理想在河流的对面,要过河,会遇到什么?

"会遇到水蛇!""鲨鱼!"……孩子们兴奋地发表观点。所有的教育策略都建立在学生感兴趣和能接受的基础上,这样才会催发出内在的有效而深远的效果。看着孩子们这么兴奋,我趁热打铁,说:"孩子们,我们需要用什么样的方式去战胜这些困难呢?"

我继续让大家把自己的方法设计出来。

孩子们开始动手绘制"理想彼岸图",有的孩子想象力丰富,把自己想象成一个淌过汹涌暗礁的人,自己建造了一艘小船,船上写着:"到达对岸的条件——记单词,练习计算题。"有的很具体:"英语,每天背 1 篇英语作文;物理,每天背 5 个物理公式。"有的很幽默:"救生圈,象征自己坚定不移的信念;斧头,每天晚上背诵古诗文让语文达到优的行列就能过河。"

有了具体的措施,孩子们就知道如何去奋斗,如何去努力,实现理想成绩单的信心,已在孩子们心中树立。

四、宣布"自我奖惩措施"——采取行动

发现了问题,找出了对策,还需行动作为保障。

我继续鼓励道："为更好地管理自己、约束自己，给自己设计一点奖惩方式吧！"

有同学"腾"地站起来："我准备奖励自己一句话，再接再厉，没有做到，我就禁止自己看别人下象棋。"

"好呀！"我笑着说，"孩子们，许下的诺言就是欠下的债。能大胆说出自己制定的奖惩措施，也是给自己的一种激励！"

在作业上有些吃力的周奇说："如果每次作业我都认真完成，奖励自己多打半个小时的游戏；如果不认真，我就一周不玩游戏！"

"游戏是周奇最喜欢的东西哟！"有同学故意高声叫道。

"就是要用自己最喜欢的方式定奖惩才能更好地鞭策自己呀！"我也笑道。

班上的体育尖子黄思走上台说："如果成功了，我就奖励自己做 50 个俯卧撑！如果没做到，还是惩罚自己做 50 个俯卧撑！"

同学们笑得是前仰后合。

"虽然奖惩是一样的，但是心情是不一样的！"一个自我奖惩让孩子们的上进细胞霎时活跃起来。

五、寻找"监督见证人"——见证努力

有了行动，剩下的就是坚持。

制定了奖惩措施后，我告诉孩子们："说得再好，都不如行动起来。当然，行动需要长期坚持。所以找个见证人来监督你们，来见证你们的努力是有必要的。"

"父母？""同桌？"

"见证人，是你认为最能够见证你的成长，最能督促你的人，决定权在你手里呢！"

教室里又是一阵讨论，大家在笑声中找到了自己的监督见证人。

"找好见证人，每天早上找他汇报自己昨天一天的情况！"我布置着。

第二天一早，我问孩子们有没有向见证人汇报，大家默不作声。看来大家还没养成习惯，大家需要有个"见证奇迹历史记录"。

每天的汇报分三步走。

第一步：行动人写好总结。第二步：见证人写好见证评价。第三步：行动人进行反馈。最后看哪些同学能真正地创造奇迹。

随后，见证人和行动人都认真地进行了总结反馈，明确努力方向。

看着孩子们神采飞扬的样子，突然想起了纪伯伦的话："大地在沉睡时，我们仍在赶路。"

44

不愤不启造声势

——创意渲染营造期末氛围

期末复习季来了，如何激发学生积极学习的动力？我认为，尊重学生内心的需要，自己衡量利弊得失，更有助于教育目的的达成。

当孩子自己做出选择后，才会心甘情愿地为之努力，这才是真努力！任务、奖励、竞赛，都是外力的驱动，而内动力才有持久的效果。

一、生活调查——给期末一个珍惜的理由

我问孩子们："要是你们家有没吃完的饭，还新蒸了饭，会怎么办？"

"一般先把冷饭吃完，再吃新蒸的饭！"李朵不假思索地回答。

"那这样我们新蒸的饭不就变成冷饭啦！"我进一步引导。

孩子们若有所思，却摸不着头脑。

"孩子们，这正如我们的学习，明明可以选择好好学习，却要选择偷懒贪玩。我们总是觉得以后会变好，可为什么不让自己好好地活在当下呢？"我写下了"活在当下"四个大字。

孩子们的目光全都聚焦在了黑板上，默默点着头。

二、心理暗示——给自己一个接纳的姿态

接着，我开始第二个启发："面对迫在眉睫的期末考试，怕自己考不好的请举手！"

班内大部分孩子都高扬起了手，也有怯怯地看看别人，跟着举起手来的。

我顿了下，问："期末考试开始了吗？考差了吗？"

"没有！"孩子们坚定地摇着头。

"对于没来临的事，为何要让自己担忧呢！"大家又一次陷入沉思中。

我再缓慢地一字一顿道："我们总担忧着还没来临的事，为什么不好好把握现在呢？"我又写下了"把握当下"四个字，孩子们再次抬起了头，教室里安静得出奇。

三、故事启发——给学生一份昂扬的士气

然后，我开始故事启发。

"今天我讲个相亲的故事！"

"有个帅气、能干的男青年去相亲，第一次女方对他印象不错。第二次，男青年把女孩带到自己租住的地方，没想到女孩一看他的住所，就马上宣布告吹！大家知道是怎么回事吗？"

"原来，女孩说他不懂得收拾自己的住所。"

"怎么这个原因就吹了？"有孩子表示不服。

"女孩说，一个不懂得收拾自己住所的人，是不会照顾人的！"

"老师，这和我们今天谈的话题有关吗？"有孩子纳闷起来。

"故事还没完！关键是男青年的回答让我们匪夷所思！"我告诉孩子们，"男青年说：'你怎么知道我不会收拾屋子，等我以后有了新房，就自然会收拾了！自然是整整齐齐的。'"孩子们认真地听着。

"等他买了房子，真的就开始收拾屋子了吗？"我顿了顿，"后来他有了房子，房子依旧像狗窝一般！"

台下一阵笑声。

"孩子们，为什么要等有了新房才收拾？一个能够立即行动的人，只住一天两天也会把屋子收拾得很有品位！"我再次面向黑板，在"活在当下"中间添上"行动的"，在"把握当下"中间添上"最好的"，把"行动"和"最好"用红粉笔圈出来。孩子们认真地看着我写完。

我写好后，孩子们坐直了身子，聚精会神地看着我！

"孩子们，为使期末不留遗憾，我们就该给期末来些立即行动的动力，把握住最好的当下，让每个当下都能过得有意义！"我大声说着，"就让我们一起用最火热的激情，把今天为期末燃烧热情写的这句话读上三遍吧！"

"活在行动的当下，把握最好的当下！"孩子们一遍比一遍投入，一遍比一遍振奋，教室外也能感受到响彻云天的热情！

四、三个符号——给奋斗一份积极的意义

期末，这个科目老师考试完毕，另一个科目老师又上来了，孩子们唉声叹气。我默不作声，但心里嘀咕着：复习阶段，老是这样的消极暗示，会让学生心情越来越差。

于是，我计上心来，告诉孩子们我们一起做个游戏，随后在黑板上画了一个圈。

"画画呀，好玩好玩！"教室里顿时热闹起来。

"谁来帮我画一个脑袋在思考的简笔画？"

杜心雨上台，在圆圈里面画上了两只疑惑的眼睛，在脑袋上打上个重重的问号。大家也在细细体会着这个简笔画。

我话锋一转："这个不正像我们现在的样子吗？不知道期末考试成绩究竟是好还是不好，自己在心里打了一个大大的问号。"有孩子已收敛起笑容。

接着，我自告奋勇地画了个愁眉苦脸的头像，和孩子们一起观察："你们看，这个像不像我们面对烦琐的期末时，那种唉声叹气、愁眉苦脸的样子呢？当老师拿卷子来考试时，你就是这个表情！"大家有些惆怅。

"孩子们，我们愁眉苦脸也是过，高高兴兴也是过，为何不选择前者呢？"

我打算邀请一位同学上来画一个笑脸。

"这个简单，老师，我来！"

孩子们踊跃地举起了手。我叫起了李飞，他三下五除二地画了个眉开眼笑的笑脸。孩子们眉间舒展，有了笑容。

"孩子们，这个笑脸就是面镜子。你笑它就笑，当困难来临时，我们为何不把嘴角上扬，告诉自己：耶，太好了，挑战又来了！"

"耶，太好了，挑战又来了！"同学们跟着说起来，扬起了自己的手。

我继续说道："所以同学们，我们要把期末的每一天都当作人生的庆典，这样，阴影就会变成美丽的风景，压力就会变成乐观的动力。"

同学们眼里闪着亮光，仿佛已经踏上了节日盛典的征程！

45 抓住潜力向前冲
——创意激活让热情无敌

复习、考试、评讲、作业，日复一日，孩子们早就没了生机！没有热情是做不好事的，状态比什么都重要！

一、提醒——用精神充电激活自己

"一个人的精气神比什么都重要，这叫精神充电，可以给我们的初三复习增加刺激！"我说。

有嘴快的孩子马上接话了："老师，提不起精神呦！"

"做任何事，怀抱热忱的态度，就能绚丽地绽放，全世界都会给你让路！"

"热情可使人全身心投入，把事做得更好，失去热情的人，面无表情，死气沉沉；有热情的人，就像太阳，照到哪里哪里亮！"我手舞足蹈着，希望燃起大家的热情。

"如果一个人失去了热情，相当于他的心理年龄已经老了。孩子们，你们要是没了热情，就相当于60岁的人啦！"

有同学张大了嘴巴。

"是呀，一个对什么都充满热情的人，会有使不完的力，会坚持完成自己的任务，会竭尽全力地做事！"

孩子们若有所思起来。

二、心态——用长颈鹿的心态鼓励自己

大家仍显得有气无力，我绞尽脑汁，终于眼前一亮，我惊呼让孩子们把

自己想象成一只长颈鹿。

有孩子眼睛开始发亮，伸长了脖子。

"孩子们，把自己想象成一只在一片干燥贫瘠的草原上行走着的长颈鹿，为了寻找食物，你不得不继续走在无边无际的大草原上，走了很久，终于发现了一棵树上长着几片嫩绿的叶子！"孩子们已进入了情境。"可是，你的个头小，想吃却吃不到，咋办？"我故意噘着嘴让孩子们融入情境。

"伸长脖子！"有同学笑逐颜开，已伸长了脖子。

"跳一下！"

"对！其实这一跳，这一伸，就是对生命的热情，长颈鹿们是因不断地伸长脖子，不断地努力，经岁月更替，经世代努力，才有了长脖子。这就是长颈鹿的热情！"

我提高了声调："所以我们也要有长颈鹿一样的心态！"孩子们眼睛亮亮的，直着腰板，斗志昂扬。

三、感召——用傻笑的方式感染自己

孩子们有了精神，我继续说道："热情可以让人爆发出巨大的潜能，所以我们应该给自己加加油！怎么做呢？"

看着大家没有反应，我马上说："傻笑。"

一听傻笑，孩子们来了劲，咧开嘴开始笑。

"对对对，就是这样！"我鼓励道。

有的孩子笑喷了，有的孩子笑得前俯后仰，其他孩子也受到感染，笑得花枝乱颤！

整个教室里充满了欢乐，孩子们变成了快乐的傻子！

四、清醒——用打哈欠的方式放松自己

"坐直了，提臀！"有的故意昂着头。

"然后，伸开双臂，打个哈欠！"有孩子懒洋洋地伸开双臂。

我继续引导："孩子们，打哈欠其实能让自己放松，能让自己清醒！"有同学疑惑不解。

"在紧张的学习过程中，人体内产生了大量的二氧化碳。平静呼吸不能将它们完全排出体外，过多的二氧化碳沉积，会引起胸腔沉闷，身体就会有疲劳感。打哈欠的时候，能让身体放松，松弛肌肉。"孩子们睁大了眼睛。

孩子们试图打了几个哈欠。一会儿，同学们连连打起了哈欠，我故意打趣道："是不是清醒些了？"

孩子们忽闪着眼睛，用力点点头！

五、暗示——用二百五的心态激励自己

"我们要用二百五的心态让自己变得积极！"

孩子们听后，惊诧不已。

"还有个关于'二百五'的故事呢！苏秦在齐国积极效力，却遇刺身亡，齐王为捉拿真凶，把苏秦的头割下，宣称苏秦是个大内奸，现在有人为民除害了，重赏黄金千两，请义士来领。没想到，来了四个人领赏。"孩子们被故事吸引住了。

"齐王问这一千两黄金，四个人怎么分？这四个人不知道中了计，高兴地回答：'好办，每人二百五！'齐王大怒，把这四个二百五拖出去斩了！这四人就成了替死鬼。民间也就留下了二百五的说法，用来形容傻瓜！"孩子们听得津津有味。

"当然还有个来历，古代人的银子按两划分，一般五百两是个整数单位，用纸包好，当时包五百两是为'一封'，而二百五十两就是'半封'银子，跟'半疯'谐音，后来人们也以此指疯疯癫癫的人。二百五的心态就是需要我们有点疯子的精神。"我顿了顿。

"在自己提不起兴趣的时候，我们需要告诉自己——学习很有趣，我一定能考上！这样你的心态就会越来越积极。"

"老师，以后我就这样！"肖友涛激动地喊出来，其他孩子此时也已喜上眉梢。

六、持续——用想美事的姿势保持热情

接着，我问孩子们："你们想美事的时候是什么样子呀？"

"陶醉！"

"开心！"

我附和道："对了，为什么不让自己多想想美事，让自己陶醉于学习呢？"然后话锋一转，"你们清晨到了学校，心里就满是不快，一副无精打采的样子，课上也昏昏欲睡。老师讲了很多，你们吸收的却很少。抱着这样的态度，怎么学得好？其实不是学习本身的问题，而是你们自身的问题！你整天带着恐惧、忧虑来上学，怎么能学得好！所以要控制好情绪，对什么事情都抱着必胜的信念，才能积极乐观地面对生活。由此可见，用想美事的姿态让自己保持热情，恐惧、忧虑就无处藏身了。"

此时，教室里已被热情包围，外面的阳光透过玻璃窗一寸寸地照在我们的身上，春天的雨后天晴，让人备感温暖……

46 期末"五彩缤纷节"

——创意节日持续学习热情

期末了，如何不让孩子们在疲倦与烦恼中学习，如何让期末阴影变成美丽的风景，把烦琐而枯燥的复习变成连续的惊喜？我开启了班级期末"五彩缤纷节"的活动。

一、有奖征集——巧调动

为调动大家的积极性，我先推出了"五彩缤纷节"的有奖征集。

对于海报宣传，我明确提出要求："有主题；取一个新颖的名字；设计一个有用的做法。"

孩子们积极地设计起来。

有"解惑节，积极去问问题"；有"节节高节，让自己每天进步一点点"；有"专注节，比谁的注意力更集中，由老师评选"；等等。

我在展台上展示大家五彩缤纷、各具特色的成果，孩子们仔细地看、思、辩，最后举手表决，选出了6个大家都满意的节日。

二、心灵契约——巧关注

实施过程中，孩子们商量出互相监督的形式，取名为"心灵契约"。比如过"静悄悄节"，需要做到以下几点：

（1）自我监督。尽力少做"三闲"——闲事，闲话，闲思，并记录下自己的"三闲"。

（2）小组互相监督。课间，每个组互相提醒、帮助。

（3）老师参与。不管什么时候，老师说话都要温声细语。

定好"心灵契约"后，孩子们兴高采烈地开始执行。

课间，我有意识地到教室里转一转。有一个同学正想嚷嚷，马上有人说："静悄悄节哟！"他吐吐舌头，安静下来。看得出，大家已全身心地投入到了"静悄悄节"。

放学前，孩子们对自己一整天的表现进行了书面总结。大部分孩子完成了任务，有部分孩子是在别人的提醒下完成的，也有部分孩子本身就安静，少数孩子没有做到，但注意到一旦想说话就自觉走到教室外。

一整天，教室里少了喧哗，多了安静。

三、Show time 栏目——巧表彰

为了让大家看到当天的效果，也便于第二天活动的开展，我专门设定了第二天早上"Show time"的班级特色栏目：同学们来谈谈前一天的收获，并开启新一天的节日。

大家先集体交流对于"静悄悄节"的感悟。刘倩总结了自己的"三闲"："我闲思了大概六次，其中四次是在思考关于吃的问题，其余一次是在思考放学了怎么办，一次是在上课时想下课的事。"

黎馨余推荐了做得好的榜样。

柯忆佳谈了"静悄悄节"对班级的影响："课间，教室里一反常态，大多数同学在做作业，有的在教室外面问问题，只有个别同学改不了说话的毛病。上课纪律也大有改善，同学们的积极性也提高不少。总的来说，收获颇丰。"

刘宇航深化了节日的意义："静悄悄节不是说你要保持沉默，而是少说闲话，多干实事。节日虽然短暂，可它留给我们的影响却很深远。倘若大多数人能做到安静，给予别人安静的学习环境，人生境界也会更上一层楼。"

为开启第二天的"奋斗节"，孩子们把当天的标语连声大吼了三遍："不苦不累，等于无味。不拼不搏，等于白活。"宣誓声响彻云天！

四、中途双面胶——巧落实

人都有喜新厌旧的心理，过了几天的"节"，大家没了新鲜感和兴奋感。此时，我们要开始强调过程。

今天的"马达节"，为帮助大家把过程落实下去，我要求大家在过节的过程中，有意识地把自己暗示的语言写在小纸条上。

课间，我问大家的积极暗示有什么。

"认真认真再认真！"

"上课不开小差！"

我不断肯定着大家，并尽量让他们注重过程。但我只字不提"暗示语"写在纸条上的事。因为我想在"暮醒"的时候给大家一点"惊动"。

下午的"暮醒"时刻，我意味深长地宣布："今天的暮醒不写总结而是收大家过程性的自我暗示语纸条。"

同学们大眼瞪小眼，看得出他们没有重视。有孩子已把写好的纸条上交了，有的想马上弥补——现场"拯救"，我笑着说临时写的没有用！

"老师，您看，我不仅写了暗示语，还进行了心情的梳理！"黎馨余把自己写的过程性总结拿了上来。

很多同学也争先恐后地上交。我一阵惊叹，能把过程做好的同学，真不简单！

"老师，我今天敢于突破自己，去问老师问题了！"

"很好呀！恭喜你，战胜了自己！"孩子喜滋滋地接受着同学们的艳羡和老师的赞许。

接下来，我宣布："孩子们，今天还有一个惊喜，完成过程性暗示的同学，今天的操行分加 20 分！"

大家都惊叫起来，有的孩子有些懊悔。

"并且，今晚的语文作业免做！"

有孩子开始捶胸顿足。看着孩子们的样子，我知道，期末这把火又重燃了一把！

五、自定节日——巧调整

为发挥大家的自主性，我们进行的活动，慢慢过渡到"集体过节"和"自选节日"相结合。

周末，我鼓励孩子们拒绝诱惑，建议大家过"拒绝诱惑节"。

但看总结，我发现有孩子过得很失败。有孩子自己制定了节日，甘雨告诉我："老师，这个周末，我过的是'爆表节'，因为我希望不断进步！"

是呀，适合孩子的教育才是最好的教育，我们可以让孩子自己作主！有孩子不能和大家同步走，那让他遵循内心，做愿意的事，并自我督促，这样的节日也更有实际意义。

六、节日连锁——巧链接

过"五彩缤纷节"，我们要过出连续性、层次性、阶梯性，让每个节日累加，使之意义升华！

这不，才过了"静悄悄节"控制住了"三闲"，马上就投入"奋斗节"中来，"奋斗节"结束，又来个"爆表节"。阶梯性过节，一下就展现出来了。孩子们也在不断递进中享受着自己提升的快乐！真是两全其美！

惊喜也好，惊吓也罢，只要有利于大家不断前行就是好事。教育需要持有一颗不断善思的灵动的心！期末"五彩缤纷节"不仅点燃了大家的热情，更增加了孩子们学习的原动力！

47 巾帼联盟 VS 英雄联盟

——创意挑战让学习更有味道

复习到一定程度，需要不断地给孩子们找奋斗的理由，不断增加新鲜感和刺激感，才能化解疲倦感。

一、燃烽火——挑战渲染

我发现大家对男女比拼特别感兴趣，既然如此，就选用"男女挑战"的方式进行 PK。同学们果然兴致高涨，还提议给挑战双方取个响亮的名儿。

"女生队叫'巾帼联盟'！"

"男生队叫'英雄联盟'！"

接着大家商量比拼的形式。

"我们把每个同学期末成绩和这次分数进行比较，把进步和退步的分数加起来，算平均分！"陈芷涵提议，"大家举手表决！"哗啦啦一大片赞同！

二、英雄状——挑战热情

大家各自推选领头人，领头人起草了"英雄状"。

女同学霸气地在"英雄状"左边列了"10条让人心动的女生条例"，右边写着挑衅的文字："巾帼不让须眉，谁说女子不如男，俱往矣，数风流人物，还看今日女汉子！"还附上了女生的签名。

男子汉们更是创意不凡："英雄状"左右两边各画了一个现在最流行的"悲伤那么大"的大表情，配文字："如果帅是一种错，那么男生岂不是千错万错？"

异性相吸，当男女生对垒挑战，大家的激情自然被调动起来，我能感觉到双方已点燃的热情！

三、树壮志——挑战承诺

紧接着，黑板上赫然出现"巾帼联盟 VS 英雄联盟"，同学们饶有兴致地等待着"挑战仪式"的开始。

女方代表杜心雨拿着"英雄状"慷慨陈词："古有花木兰，今有女汉子。那么今天我们就发下狠话：有一群男生，妄想战胜女生，后来他们输了；有一群男生，妄想惩罚女生，后来他们输了。这场'挑战'中，如果我们赢了，男同学要比着兰花指，扭着屁股，跳草裙舞！"

台下的女同学一改平日的文静，热烈鼓掌。男同学则大眼瞪小眼，面面相觑。

"如果帅是一种错，那么我们千错万错！我们不怕，大胆迎接你们的挑战！"男生代表刘宇航手舞足蹈，肖友涛也走上台来助阵。

我站在角落，笑眯眯地观战。

四、想措施——行动保障

为把挑战转化为行动，我告诉孩子们："口号喊得再凶也不能取得进步，只有行动才能让我们走向成功！"宣誓完毕后，男女双方就开始动脑筋、想措施。

女同学把女同胞的成绩和特点进行逐个分析，并想出相应措施，如刘红缺乏爆发力，同学们一起帮助她，鼓励她抓住周末时间，选择性做题，并大声朗读背诵。大家还想出了监督方法：巾帼联盟打电话询问监督或者上门服务。

男同学也聚在一起商量，比如熊强语文薄弱，大家让他多阅读，反复记忆；洪余不够重视考试，措施是尽量把基础分得到。

挑战仪式后，同学们在心里互相较着劲。课间，教室里问问题的同学多了，喧哗的同学少了。一个孩子在自我总结中说："现在的我不敢打瞌睡，不敢说闲话，一门心思为我们的统考做准备。我知道男生们很想赢我们，不过还是收起妄想的眼神吧，准备草裙舞！"这才是真正的内觉力，无须为别人，只为了自己拼搏！

五、导师制——行动助力

科任老师的加入使挑战更具力量。两队领头人主动请科任老师担任自己队伍的"导师"，大家邀请科任老师参与学习分析会、家访，并主动与导师沟通，制定出"五主动提升法"：主动找导师谈心，主动在导师课堂回答问题，主动问导师学科问题，主动找导师面批作业，主动邀请导师家访。

学生的热情感染了老师，老师们聚在一起商量，讨论班级出现的具体问题，分析每个孩子的具体情况。

"LYJ 这孩子，还没有找到学习方法怎么办？"

"我比较了解他，交给我！"政治老师轻松地说。

"好像最近孩子们的作业比较多！"化学老师说道。

"要不我们做个问卷调查，分析下孩子的精力问题，好吗？"我提议道。

"我来做问卷！"数学老师自告奋勇。

"费杨最近心不在焉，心思不在学习上！"

"甘雨最近进步很大，上课很专注！"大家你一言我一语地讨论着孩子的情况。最后，我们达成共识，形成"导师承包责任制"的"五关注"：
（1）关注思想动态，减轻生活负累；（2）关注上课状态，提升学习效率；
（3）关注习惯培养，改善学习方法；（4）关注作业质量，加强后备巩固；
（5）关注家庭情况，提升合作力量。

"两军负责人"把"承包责任学生名单"分别交给了科任老师，科任老师一丝不苟地贴在了自己办公桌上最为醒目的地方，便于自己在备课时关注到位；讲台上也贴了一份，便于老师上课时能随时关注。

上完一堂课，"两军负责人"递上一份"承包责任学生名单"，要求导师们评价该生的上课情况。

每次交作业，被承包学生的作业会放在最上面，便于导师们能更快关注到，并做好登记，"每周有约"上全面总结包干学生的整体情况，并提出改善建议。

我们组成了家访团，科任老师和家长促膝长谈，分析孩子的每科情况，给家长们出谋划策。周敏爸爸对孩子不够关注，大家一起给周敏爸爸做工作，还拿出孩子平时考试进步的试卷，让家长口服心服。

"导师制"进入挑战赛后，为学生的学习又注入了新的活力，全班学生更加认真。科任老师说，在我们班上课是种享受，觉得很有幸福感和成就感。孩子们也为老师们的体贴、关怀深深感动！点点滴滴，丝丝缕缕，就像和煦的阳光，在清澈的流水里，漫泻于温暖的天空……

六、兑承诺——承诺兑现

挑战赛结束，最终以男生失败告终，男生也兑现了承诺——跳草裙舞。这在前面已介绍过，最后承诺兑现，达到了一箭双雕的效果，既实现了挑战的承诺兑现，也实现了孩子们考前解压的目的。

当然，这是第一回合，后来我们把挑战赛做成了一个长期的活动，三打二胜，逐步运用到班级挑战中。

把挑战做到实处，让挑战为孩子们的学习加把油，让其成为学习动力的助推器！

第九辑

自我管理微创意：管好自己就能飞

　　最好的管理是自我管理。外力监督，或者外力控制永远是外围解决。学生成长的核心，就是自我教育，自我管理。这需要设置诸多创意方式来步步跟进、层层深入地协助学生学会自我认识，自我控制，自我拯救，自我挑战，自我超越，最后实现自我的真正教育！

48 我给学生"算算命"

——创意说教唤醒自我认识

临近期末，孩子们开始变得懒散松懈，不穿校服、应付听写，甚至完不成周末作业。面对这样的情况，我是看在眼里，急在心里。如果老师只是一味地讲道理，最后可能费力不讨好。那我给学生"算算命"，可好？

一、煽风点火——引起兴致

我快步走进教室，把班级名单贴在讲台前，孩子们惊诧地看着我，满脸疑惑。我一说给大家"算命"，孩子们睁大眼睛嚷起来。"嗯，中国的《易经》博大精深，可以卜卦，我呢，不卜卦，也不用看相。"我故意夸张地摆摆手。

孩子们的胃口已然被吊足。

二、引火烧身——当头棒喝

"先请没穿校服的同学站起来！"孩子们或迟疑或犹豫地站了起来。

接着我让他们在自己名字那栏写上个减号，孩子们显然是丈二和尚摸不着头脑，略迟疑地写上了减号。

面对着减号，我双手做恭喜状，洒脱道："恭喜你们，离成功又少了一次机会！"

孩子们顿时恍然大悟："老师，我就是忘记穿了呀，怎么就和学习、成功扯在一起啦？""忘记了？"我提高声调，"忘记，就证明不重视，你想，一个对自己校服都不重视的人，能对自己的学习重视吗？"

"老师，我之前都穿了，就今天没穿！"有孩子忙着解释。

"分不清事情的轻重，不知道最重要的事情是什么，能成功吗？"我故作一本正经。

"我的丢了！"有孩子说。

"这更严重啊，连自己的东西都保护不好，能保护好自己的劳动成果吗？"我煽风点火。

接下来我唤听写没过的同学站起来，他们不好意思地站了起来。"老师，我回去背了，就是没记牢！"

"没记牢就等于执行不到位，执行不到位等于没有执行！就等于没背！离成功远了一步！"我高声说道。

"名字那一栏，写上个减号！"我轻松说道。孩子们拿着笔的手已显得有些沉重，脸上露出几分尴尬。

下面轮到没完成作业的同学。我笑逐颜开，全班则肃静无声。

"孩子们，不做作业就更严重了，连自己分内的事都不完成，就像老师不教书，医生不治病，本职的事都不做，还有成功的机会吗？"

写了减号后的同学已不再解释，都羞得满脸通红，低着头回了座位。火候还不够，我得让孩子们好好地痛一次才行。

接着请的是以上三种情况都没有的同学起身。"恭喜你们，你们是对自己人生负责任的人，已给你们的成功做了三次加法，离成功更近了！"我语调轻快地说，"下面欢迎你们在自己的名字后面写上三个加号！"这群孩子挺着胸、昂着头，喜滋滋地在自己的名字后面写上了三个加号。其他孩子都艳羡地看着他们！

三、峰回路转——见好就收

给了前面的孩子"当头棒喝"，我得见好就收！

我委婉地说道："孩子们，以上三项不良行为，只有一项的同学，请举手！"几个孩子怯怯地举起了手。

"只有一项，说明你的病只在表面，可能是偶然的大意导致的，注意一下，还能够奋起直追。"孩子们舒了口气。

"有两项的请举手！"几个同学寥落地举起了手。"两项，说明病在内里，是自己的懒惰在作怪，要有意识地督促自己勤奋起来，自己没做好时，严惩自己！也能追上来！"几个孩子一听，微微坐直了。

问到三项都有的，站起了两个同学，其他同学抿着嘴悄悄在笑，仿佛已不言而喻了。

"孩子们，他们并没有病入膏肓，主要是习惯造成的。所以需要靠自己的意愿！一个自己不愿意醒来的人别人永远叫不醒，但他愿意醒来，愿意用毅力和恒心做出改变，就会一步一步走向成功！"俩孩子一听，眼睛亮了！

四、柳暗花明——升华延伸

我放慢了语速说："孩子们，刚才我给大家'算命'，不是用的看相法，而是用的看行动法。当然这仅是对人生短期的预测，并不是对未来人生的预测！"

我话锋一转，变得严肃起来："当然，当自己做不负责任的事情时，其实是给自己的人生做减法，一次次放纵自己，长此以往，就会把成功一次次减掉；而当你严格要求自己，对自己的行为负责，日积月累，就是给自己的人生做加法，就在不断地增加成功值！"孩子们觉得醍醐灌顶。

"所以，从今天起，我们每天要多为自己的成功做加法，同时，当自己对自己不负责任时，我们也去画一次减号，可以一周为期限，看大家是在为自己增加成功值还是减少成功值！"我继续升华，"每个人都是自己人生的预测师，你的每次行动就看是做加法还是做减法了，所以把握好自己的人生吧！"孩子们定定地看着我，眼睛亮亮的！

窗外细雨无声，窗内冥思潜入人心……

49 成立自救成长会

——创意结盟学会自我拯救

事情总是在起起伏伏中发展，班里总有同学呈现出学习被动的样子！我想，问题的关键是没有自我成长的感觉吧。孩子们需要学会自我定位、自我管理、自我拯救。于是，我计上心来。

一、宣传造势——自觉加入盟会

一天，我义正词严地告诉大家："这段时间，大家在学习上出现了纰漏。班干部们，是不是感觉特别累？"有班干部不断地点头，接过话说："有同学对我们的管理置若罔闻。"

"孩子们，我们永远叫不醒一个装睡的人，他自己不愿醒过来，那就没好结果了。"我顿了顿，"我们需要学会自我管理，管理分为三个层次：第一层次——就算有人管，也不能做好，还有抵触情绪；第二层次——需要别人管，才能做好自己；第三层次——即使没有人管，也能做好自己。无须多言，第三个层次的人有很强的自我管理能力，他会成为最优秀的人；第二个层次的人，即使不反感别人的管理，也做不到卓越；第一个层次的人，接受别人的管理都有难度，更不要说自我管理了。"孩子们若有所思。

"所以，今天我要说的是：成长是自己的事，别人无法代替。与其要别人来督促，不如自己主动成长。因此我们准备成立自救成长会——自己救自己，自己成为自己的主人。"

我们采取自觉加入的方式，主动地开展自我管理。

二、资格审查——自办自救海报

加入自救会，需要资格审查——自办一张海报。作用有二：一是冷静思考自我，二是表达内在的决心。

首先，我提出了制作海报的要求：有广告效应，有吸引力，画面要美。

其次，分批次加入。自觉为先，分批次通过。

最后，分批照相。第一批成员被批准后，一说要照相，个个欢呼雀跃，有孩子想站在楼梯最高处，希望自己步步高！"老师，我要摆个 pose，给自己留下永恒的记忆！"大家兴高采烈地照相。

三、公开决心——宣誓仪式

仪式能强化群体的认识，能赋予这件事以庄严感和正式感，从而潜移默化地影响着人的行动。于是，我们举行了"自救会宣誓仪式"。

会员们先公开投票选举了"自救会会长"，会长带领大家书写"誓词"，再进行庄严的宣誓。

孩子们齐举右手，全情投入地跟着会长喊："我宣誓，我自愿加入自救会，每天一定问问题，一定回答问题，上课不走神，课后效率高，作业按时完成。自觉自立自律，不需要任何人管理，如未做到，愿退出自救会。"三遍誓言响彻教室。

孩子们热情高涨，纷纷想要领读，大家便商量着将其定为"每日宣誓"。每早到校，来一次"能量宣誓"，由自救会的孩子们轮流领读。

四、自我管理——自救日记

内驱力基于归属感、价值感、自主感这三个关键点，我引导孩子们自己思考为什么自救？自救什么？怎么自救？让他们自主决定，充分思考，最终以"自救日记"的方式呈现出来。

孩子们自主完成自救日记。先是每天一个弱点攻坚战，比如，第一天是上课效率，第二天是作业效率，第三天是书写质量……

然后是一个弱点长期攻坚。比如彭鑫瑶围绕"书写问题"自救一周：第一天反思自己练字的态度，第二天反思自己练字的方式，第三天反思自己练字的时间，第四天反思字形，第五天反思作业的书写。

有孩子自救的是生活习惯，有的自救学习方法，有的是心态问题……孩子们在学会反思的同时，还给出了方法，定出了目标。慢慢地，随着反思的深入，孩子们还学会美化自救日记，用上警示符号强调以提醒自己。自救就在反思总结中慢慢提升内化了。

五、方式转变——自找导师

孩子们写日记来反思自己的弱点，上进深化还需老师的指导。自救成长会在老师引导下可转变方式——"导师要求学生"转为"学生主动找导师"。

学生主动找导师指导。导师们针对学生自己发现的问题，提出辅助方案。每天下午孩子们总结交流。

张剑分享说："我今天去找老师给我分析了语文学习上的问题，老师说我应该合理安排时间，落实每个步骤，让我豁然开朗。以前一直忙忙碌碌，却不知自己没有安排好时间。"

彭君也分享道："英语是我的薄弱学科，英语老师帮我分析，说我上课缺乏积极性。其实我知道这毛病，但老师给我提出来，引起了我的重视，我决定每天自救一个重要方面：每天鼓励自己举手回答问题，并练习口语。"

孩子们热烈地谈论着感受和收获。

后来，"自找导师"还进行了三定：每堂课主动要求自己在薄弱学科课堂上发言一次，每天主动找导师问问题，每周找导师谈心一次。

当我们转变方式后，孩子们变被动为主动，这样，动力才会更强大。

六、观念转变——发"朋友圈"求关注

有家长用"看""守"的方式对孩子进行教育。成立自救成长会后，我要求家长转变管理孩子的方式，把主动权交给孩子。家长就做一件事，每天把孩子的"自救日记"发到朋友圈，让朋友一起关注孩子，管理孩子。

起初，家长们不好意思把自家娃的"自救日记"发朋友圈。我不断鼓励道："家长朋友们，如果我们发朋友圈，就会有更多的人来关心您的孩子，这样不需要给孩子任何说教，朋友圈里的评价就是最好的指导。"

家长有些心动，试着发了，朋友圈里的点赞和点评，瞬间让家长幸福满满。有家长兴奋地在群里发出截图，并附带一句："看着孩子每天都在进步，

我这当妈的唯一感受就是幸福!"

体验到幸福是最大的动力，群里的能量是会互相传递的。其他家长也纷纷效仿，孩子的"自救日记"在朋友圈受到各种评价，"这个书写还要改进!""继续坚持，加油!"。还有人惊讶地问:"你孩子在哪个学校上学呀?这么有自觉主动的意识!"

孩子们收获外界肯定的同时，也明白了自己努力的方向。

后来，家长的朋友圈也多了孩子自觉读书、自觉做作业的图片等。再后来，我们升级为"重点突围"，用发朋友圈的方式来巧妙表达对孩子的要求，随着思考的深入，自救问题渐渐更加集中，比如，这周关注孩子的作业质量，家长们就围绕自己孩子的作业发朋友圈。下周是关注时间管理，家长们就围绕时间管理发朋友圈。

七、形成发展共同体——寻踪觅迹

学生时代对孩子们影响最大的人是同伴。自救成长会就充分运用了这一优势，用同伴的力量帮助同学"自救"，运用"寻踪觅迹"的策略。

"寻踪觅迹"以小组为单位，形成"发展共同体"，进行"一对一跟踪"。"寻踪觅迹"分三步走。

第一步:用跟踪日记跟进。在同伴的"自救日记"后进行点评和建议。有评价"作业""发言"等方面的，也有关注"弱点改进"，进行"补充式跟踪""优缺点分析""对策建议"的。

第二步:被跟踪人反馈。写好日记需交给被跟踪人看，被跟踪人觉察"有意提醒"后，进行第二次反思——反馈想法和感受。

第三步:小组治病。每周班会，掏出"跟踪日记"，进行小组"集体诊断"，评价"跟踪日记"等级，思考成员的弱点，制定新的目标突破。组长把交流的问题以"小报"形式张贴在班级，公开化，营造氛围，感染大家都参与进来。

借"自救会"实施具体措施，我明显能听到孩子们"自救成长"拔节的声音!真正的自我成长是自我成长意识的觉醒，是自我内驱力的调动，而"自救会"正好打开了"自主发展"的一扇门。

50 做一个有行动力的巨人

——创意启发引导自觉行动

物理老师向我反映，孩子们的公式没背。每天都在忙忙碌碌，最后竹篮子打水一场空。大家空谈着很多东西，可行动落实上还是不到位。

此时，冒火无济于事；老生常谈，没有效果。这时，我们更需要的是能调动孩子内在的动力。

一、想想自己是实干家，还是梦想家

这次，我选择开门见山，和孩子们一起做了两个测试。答"是"记1分，答"否"记0分。以下是第一个测试：

（1）你喜欢行动胜过计划吗？

（2）你会自己找很多时间来思考吗？

（3）你不喜欢整天空洞的聊天。

（4）你是不是喜欢一次爬两级楼梯？

（5）同样的时间内，你常常比别人完成较多的事情。

（6）整天无事可做，你会觉得很无聊。

（7）所有事情，你觉得参与比旁观要好得多。

（8）你喜欢参观展览。

（9）当决定做某件事情，你不会太纠结，会立即行动。

（10）你会一个个目标去落实，不会今天想了，第二天又回到原点。

（11）你无法忍受虚度光阴。

（12）对于老师布置的事情，总是按时完成或提前完成。

（13）你总是把自己的所想变成真正的现实。

（14）当一件事情失败了，你会不断总结，并马上改进。

（15）当任务没有完成，你不断地埋怨自己，同时立刻进行补救。

"请得15分的举手！"无一人。

"请得14分的举手！"寥寥无几。

"请得11分以上的举手！"几个平日较自觉的同学响应了我。

"8—10分的呢？"中等成绩的同学基本举起了手，我不禁暗暗感叹：看来一个人的自觉性真的决定最后的结果。

"7分以下的呢？"有几个同学不好意思地举起了手。

大家更期待的是我宣布这个测试的结果，我缓缓说道："0—7分，说明你是一个典型的说话的巨人，行动的矮子。做事你喜欢纠结拖拉，总是想得很多，落实得很少，最后光阴虚度，徒留悔恨。8—10分，说明你需要别人提醒着来行动。你思考的美好愿景比行动要多一点，但是，如果你有意识让自己努力改进，相信你也会成功的！11—15分，你是一个实实在在的行动家。凡事不会只说不动，你喜欢忙碌的日子，喜欢主动参与，会有计划地分清轻重缓急，合理安排自己的生活，越忙你会觉得过得越充实。"

我接着补充道："孩子们，有梦想是好事，但我们不能成为一个空洞的幻想者。成天幻想着美好的未来，永远是空中楼阁。所有的成功，始于心动，成于行动！你现在偷懒打瞌睡流的口水，将成为明天的眼泪。"

二、你是行动的巨人，还是行动的矮子

进行第二个测试：

（1）你心里装着很多奇特的想法。

（2）你是个性子比较慢的人，做事很细心。

（3）你更关注事情是否是自己喜欢的，而不是必要的。

（4）老师布置的作业，能按时完成。

（5）总有人说你想法不够现实。

（6）你总会有计划地做事。

（7）你会克制生活中遇到的诱惑。

（8）不管作业多少，你都会认真完成。

（9）周末，你会落实自己的想法，不轻易改变。

（10）晚上如果没有其他的事，你不会放任自己，仍按时睡觉。

这次我直接宣布了结果：

0—3分，你是虚幻派。每天都会找各种理由，让自己无法完成计划好的事情。虽然整天忙忙碌碌，但是却不能有效地利用时间。

4—6分，你是懈怠派。你拥有过人的智慧和天赋，但经不住诱惑，计划好的事，总会抛到九霄云外，做事会一拖再拖，直到火烧眉毛。

7—9分，你是一个高效的人。但做事前，总会顾忌太多！

10分，你是真正意义上的行动家。你做得永远比想得快，方案还没有确定就已开始付诸行动，这样总比其他人获取更多的成功机会。

三、要么立刻马上行动，要么拖延不动

我进入了正题："孩子们，扪心自问，你们是不是很想升学呀？"

孩子们肯定地回答。

"但为何始终不见行动！"我的语气有些重，"这次物理考试，我问了物理老师，有些同学根本没发挥出原来的水平！"

"老师，时间不够！"

"时间为什么不够，你们没有掌握，时间怎么会够！"我有些生气。

"老师，我以为自己掌握了！"

"同学们，这就是典型的梦想家呀，你们自以为是，连基本的公式都没有背下来，没有掌握就会做不出来，就会耽搁时间！"有同学低下了头。

我发下了物理试卷，卷子上的红叉很是难看。"做事，不能停留在口头上，必须落实到具体的行动上，落到实处！"

"没掌握，马上就背；没弄懂，马上就问。千万不要把今天的事留到明天！"

我顿了顿："活在等待和拖延纠结中，就永远得不到改进！你的学习还是盲目的，整天忙忙碌碌，最后还是个消防员，疲于奔命！所以只有一个办法——遇事马上行动。初三需要这样的效率，我们不要雄韬伟略的空想家，而要实实在在的实干家！"孩子们听得入了神。

课后，果然有同学围着物理老师、化学老师问问题，也有利用下课时间背公式的！一切都在默默的行动中改变着！

51 "卡"住你的自留地

——创意卡片助力自我激励

越到期末复习，孩子们越是无法掌控自己的时间。特别是周末，放假前，雄心勃勃；放假后，作业拖欠一大批。

为什么孩子们这么不自觉？我不断思索，如果孩子不懂得自我激励，永远都靠别人的督促学习，这样的学习有用吗？看来孩子们得学会"卡"住自己的自留时间！

一、诊断卡——扫除自我管理的障碍

我发给大家一打白纸，并称自己今天很失望。我压低声音说起了大家糟糕的周末作业，孩子们低下了头。

我继续说道："我知道，不是大家不想努力，只是还没有足够的动力和自我约束的能力。"孩子们使劲儿地点点头。

是的，每个孩子都有向上的想法，作为老师，我们要善于抓住孩子想改变的契机。

我拿起白纸说："只要愿意学，永远不嫌晚，每个人都像一张白纸，关键是你如何描绘。请大家把这张纸对折再对折，分成四等份。"孩子们一一照做，纸张的中间留下"十"字痕迹。

"请大家对自己的情况进行诊断，写出自己的病名，症状，并开出药方！"

有孩子写道："病——懒，自控力不足，拖延症。症状——懒散，容易改变自己的计划，喜欢一拖再拖。药方——在常常可以看到的地方贴上提

醒语言。"

有孩子写道："病——效率不高。症状——没有充分利用时间。药方核心——改变学习模式，先复习，再完成作业。"

通过自我诊断，大家明白了自己存在的问题，这是激发内驱力的第一步。

二、警示卡——拓宽自我管理的渠道

我再次给大家提起了原本倒数第一，最后逆袭成功，被保送到重点中学的谭磊。

"大家知道他有什么绝招吗？"我开始卖关子。

孩子们都迫不及待地想知道。

"他把自己榜样的名字写在了数学书上，不断警示自己。当他想偷懒时，一看到数学书上的名字，他就有了精神！"

"老师，就像鲁迅，看到藤野先生的相片，就会良心发现，鼓起勇气！"有同学接过话来。

"对呀！"我引导着，"我们也可以给自己制定警示卡，用这张卡来不断告诫自己！"

大家纷纷写起来："再不努力，敌人就攻破城堡，夺得第一名啦！""想想今后的自己，还会这样轻松吗？"……

大家制定的警示卡，是给自己发的黄牌警告，不断给自己敲响警钟！

三、自我激励卡——开启自我管理的加油站

为使孩子们有更多的积极心理暗示，我给孩子们讲了李阳的故事："李阳以前是个害羞、内向，不敢见陌生人，甚至做理疗时仪器漏电也不敢出声的人，然而最后却成了疯狂英语的创始人。靠的是什么？"我环视四周。

"他曾全年级倒数第一，英语连续两个学期考试不及格。大二的时候，13门功课不及格。当他觉得很丢脸的时候，他决定突围出来。他选择了英语作为突破口，发誓一定要通过国家英语考试。他发现，在大声朗读英语时，注意力会变得很集中，于是他就天天跑到校园的空旷处大喊英语。十

几天后，李阳来到英语角，别人很奇怪地说：'李阳，你的英语听上去好多了。'一语惊醒梦中人！李阳想：这样大喊大叫是学英语的一个好方法呢。为防止自己半途而废，李阳约了他们班学习最刻苦的一个同学每天中午一起去喊英语，并且还每天都告诉自己'Yes, I can'。最后他通过了英语四级考试。"孩子们静静地听着。

我笑了笑说："孩子们，曾有个政治题就以李阳为话题。"

"疯狂英语"的创始人李阳曾说：要学好英语就要大声朗读，并且每天都要对自己说"Yes, I can"。他的这种行为，属于发掘自己潜能方式中的（　　）。

A. 自我否定　　B. 经常给予自己积极的暗示

C. 从小事做起　　D. 想象一个优秀的"自我"形象

孩子们异口同声地说出答案："B！"

"对，孩子们，我们越是希望克服自己的弱点越需要积极的暗示，一个给自己积极暗示的人，最后就会变成自己想要的样子。"

于是，孩子们热血沸腾地开始制作自我激励卡。

激励卡中，有抒情激励版："只要自己开始行走，就一定能到达终点"；诗歌激励版："万里长城今犹在，不见当年秦始皇"；硝烟味激励版："断剑重铸之日，骑士归来之时，我的信念还没有丢失"；最实在激励版："努力赶上前面的同学，不让后面的超过"；最狠激励版："就算跪着也要往前走"；最顺口激励版："我能行，我可以，我不败，成功在"。

四、自我跟踪卡——巩固自我管理的基石

有了积极的暗示后，需要自我监督。白纸上剩下的最后一方就是留给孩子们制定自我监督的具体措施用的。

我启发孩子们："以前我给大家讲过我爸爸的故事。"孩子们点点头。

"大家都知道，我爸爸因为肾出了毛病，差点丢掉一个肾！后来因为到了重庆最好的医院，爸爸才保住了自己的肾！"孩子们都聚精会神地听着，

"可现在呢？"我有些难过，"爸爸的肾又长了一个1.6厘米的结石了，你们知道这是为什么吗？"我顿了顿，"因为他不喜欢喝水，没有改变自己的习惯，最后还是又长出了结石。"我话锋一转，"孩子们，改变自己的陋习，才能改变根本。如果仅空有口号，而无具体的自我监督措施，一切都等于零。所以我们需要给自己制作具体的自我跟踪的卡片，以便监督自己！"大家重重地点点头。

有的孩子制作了自我反问卡，如表7所示：

表7　自我反问卡

成绩好否			否	
有钱吗			无	
第一名吗			远远不够	
漂亮吗			NO	
有没有内涵			呵呵	
都是否			滚吧，书在那边	
我今天是否有好心态	我今天完成多少作业		我今天没完成多少作业	今天的学习态度
周一	周二	周三	周四	周五
计划1				

有的制定了自己问问题积极性的表格，看自己问了多少问题。有的制定的是评价表：是否有目标意识？是否有危机意识？是否实施了计划？……

制作好四张卡，最后我发给大家一张彩色的纸，振奋地说："孩子们，愿这四张卡，能让大家真正落实到行动上，'卡'住自己的自留地，在自我管理上实现一个崭新的飞跃！"

52 给自习课一个出口

——创意管理内化自我挑战

刚进初中的孩子喜欢热闹，尤其在自习课上，更是闹腾，一遇到新鲜事，就一石激起千层浪，一发不可收拾，怎么办好呢？

一、变"有声语言"为"无声行动"——练"静气功"

自习课刚开始，走廊上的我，就听到班干部扯破喉咙地叫喊："不要闹了！"我发现，语言干预不如用行动代替。

我和孩子们交流道："孩子们，要是自习课比较闹的话，我们就开始练功！"

孩子们一脸的惊愕。

我故弄玄虚："我们练的功夫，可是气功中的'静气功'，长期练习，能放松身心，缓解疲劳，养精蓄锐，容光焕发，百毒不侵，延年益寿。"我故意摇头晃脑、诙谐地说。

孩子们叫嚷着要学，大家的胃口已被吊起，我揭开谜底："其实很简单，坐直了，双手放在膝盖上。"孩子们开始正襟危坐。"接下来开始深呼吸"，只见孩子们跟着我的节奏一呼一吸，极其认真，教室里鸦雀无声。

"这样反复六次就行了，很简单的。"

"老师，我感觉呼吸顺畅多啦！"

"我觉得自己变得平静了。"

"是呀，大家以后在自习课还讲话的话，就请我们的纪律部长招呼大家练'静气功'好了。"孩子们嘿嘿笑着。

果不其然，只要自习课上大家控制不住了，纪律部长就平静地说："练静气功了。"孩子们就会条件反射似的正襟危坐，把双手放于胸前，使劲往上提，严肃得就像长期"习武之人"一样专业。收功后就自觉投入到学习中……

二、变"不能讲话"为"室外交流"——办"临时出门卡"

孩子毕竟是孩子，有时，需要给他们一个出口。有孩子在自习课上问问题，用"微信本"这样的书面交流无法解决，于是班级"临时出门卡"诞生了。

"临时出门卡"由班内擅长绘画的同学绘制了两张，并注明"使用时间不超过10分钟"。自习课上，每次允许两个人临时离开教室，可外出透气、讲题、上厕所，但每堂课每人只有一次机会。

孩子们有了"临时出门卡"，有问题拿着卡出教室询问讨论，保持了教室内的安静；有需要交流的话题，两个同学拿着卡出教室，满足了不吐不快之感；如果确实疲乏了，出门几分钟透透气，出去接点水，又何妨呢？这样的孩子毕竟是少数，给孩子一个室外交流的出口，就是给自习安静一个美好的理由！

我担心孩子们会有意用出门卡在外逗留，然而统计结果表明，大多数孩子都是问问题，或需要上厕所才会借用"临时出门卡"。

班干部也特别负责任，清晰地记录出门卡的使用情况。所以给孩子们更多的空间，真正信任孩子，把自习课的主动权交给孩子们时，孩子们的自觉约束能力就在张弛间慢慢培养起来。

三、变"强行制止"为"内化熏陶"——读"静心文"

想提高自习课的效率，关键是孩子们要学会自我管理，自我反省，自我改进。所有的方法和措施都是外围战，真正从根本上改变需要"内化"成孩子们自觉的行为。

教材上有篇诸葛亮的《诫子书》，为了让孩子们能把学会的东西真正内化成源于心的行动，于是我把这篇课文提前上。

面对孩子们的疑惑，我这样回应："孩子们，这是老师送给大家的一件礼物。人生做什么事，需要守得住寂寞，耐得住清冷，当然自习课也考验着每位同学的定力哟！"孩子们怔怔地看着我，终在"非淡泊无以明志，非宁静无以致远"中慢慢地明白了些。

接着，我又出示了《静心诀》《清心诀》等美文，让孩子们在音乐的伴奏中诵读，特别是周国平的《丰富的安静》这篇文章，很多孩子还谈了自己的体会："'世界越来越喧闹，而我的日子越来越安静了。'当一个人的心静下来，就不会受到干扰。人应该在安静的世界里生活，喧闹只会让自己有更多的欲望。""一生最高尚的境界就是摆脱诱惑，精神上拥有巨大收获，就是丰富的安静。"

当我们读完这组静心文后，我能明显感觉到孩子们思想的升华。有的孩子说："非淡泊无以明志，非宁静无以致远。上自习课就是要心无杂念，做好自己该做的事情。"

有孩子用三字文表达自己的感受："静如水，则无困。慌如躁，则扰心……"

我也趁热打铁在黑板上写上"心境，心静，心净"，同时问大家怎么看这几个词语。

"就是要保持积极平和的心态。"

"要从容淡定，宁静！"

"减少欲望，抵制诱惑。"

"是的，自习课的纪律需要这几个词语，我们的人生更需要这些词语。"我继续引导着孩子们。

后来我们又延伸到班级每日一语，孩子们介绍"静心文"，每一次的朗读都是一种浸润。任何事物都不是一蹴而就的，当孩子们真正沉静下来时，他们能够自己管理的不仅仅是自习课了，而已经延伸到生活中的方方面面了。

第十辑

应考技巧微创意：万事俱备，不欠东风

考试成绩除了与平时的学习态度和能力有关，还与起居饮食、考前心理状态、考场应试技巧等因素有关，所以应考技巧的创意培训也就尤为重要。科学调节应考心态、讲究应考技巧是考前的营养品，关系到学生考试的临场发挥。所以万事俱备，不欠东风，考试要想发挥好，考试培训少不了！

53 考试也需讲礼仪

——创意纪律规范考试习惯

一些初一的孩子，期末考试第一科结束，就有监考老师反映，有学生在考场打闹，过于兴奋。看来，开展考试礼仪教育是很有必要的。

一、明要害——不懂考试礼仪的坏处

午间，我询问大家考得如何。

说还可以的孩子，眉梢舒展。答不好说的孩子，紧锁眉头。

"孩子们，考试好与不好，我们都需要注意一个问题——考试的礼仪。"我放慢语速，转述了考场出现的问题，亮出了大家已是初中生的身份，"小学历经六年沙场，我们似乎还不懂应战礼仪呢！"这引来了大家捂着嘴意味深长地窃笑。

考试规则的问题，翻来倒去地讲，但仍引不起同学们的重视。看来我需要把规则内化成礼仪，变成一种修养，才能真正地深入孩子们的内心。

我抛出了一个问题："不懂考试礼仪，会遇到什么障碍？"

"老师，会让别人觉得精神上有障碍！"

"啊，怎么说？"我觉得不可思议。

"老师，有个同学来到考场就像疯了一般，手舞足蹈，张牙舞爪，把其他同学都吓坏了，这样子会让别人觉得他精神上有些障碍！"

教室里笑声一片，有个孩子却羞愧得涨红了脸。

"老师，会让人觉得智力上有些障碍！"

"说来听听！"孩子们的谈笑让我有些疑惑。

"考试时，有同学不会填机读卡，名字都不写，参加了这么多年的考试，

是不是会让人觉得智力上有些问题呀！"他夸张地摇头晃脑地说，全班同学笑得花枝乱颤。

"印象上有影响！"

"你让监考老师和其他考试同学看到一个自以为是的你，印象就变差了！"孩子们一本正经地阐述着。

"视线有障碍！"

"他这时候过分放纵自己，只是表面暂时放纵了，以恶小而为之，是不是目光有些短视呀！"

大家纷纷点头。

"心情上会不会产生障碍呀？"我也顺势一步步引导大家。孩子们显得不解。

"你们想呀，万一因为自己太兴奋，没有考好，这个假期他会过得开心吗？"

"就是就是，春节走亲戚都会很难过！"孩子们恍然大悟。

"老师，这样还会让人觉得修养上有问题！"

"一个不懂得考试规矩的人，别人会认为他没有礼貌，没有修养！"全班表示赞同。

说完后，孩子们没了哄笑声，变得沉默起来。

二、知优势——懂考试礼仪的收获

孩子们明白了考试不懂礼仪会遇到很多障碍，但更为重要的是，我要让他们知道"懂礼仪"的优势！

"如果你们到了考场，都懂礼仪，安静等候，冷静答题，自信离开。别人会认为你们是怎样的人呢？"

"聪明！"

"能干！"

我将孩子们所说的词提炼成"慧心"二字，写在黑板上。

"孩子们，'慧心'可比聪明更上一层楼，既有聪明，也有智慧。懂得考试礼仪，别人会觉得你是个有慧心的人！"我补充道。

"老师，别人会认为这个人很有教养。一个懂礼仪的人本身就是一个有修养教养的人！"一个孩子睁大了眼睛说。

"老师，别人会认为他已经准备就绪，沉着应考，胸有成竹，是个自信的人！"

"老师，懂礼仪让大家觉得他目光长远。勿以善小而不为，小行为中可以看出大品德！"

"还会成为快乐的人！遵守礼仪的人，一般心态都很好！"

我又提炼了"优秀"一词，重重地写在黑板上。

黑板两边，一边是白色的反面词语，一边是红色的正面词语，每个字都敲打着孩子们的心扉。

三、定条约——考试礼仪互商量

我对同学们说："孩子们，礼仪是一个人文化素质、道德修养、教养良知的一种外在表现，是通过言谈举止反映出来的。我们不仅要会学习，也要会考试。所以我们来讨论讨论，共同制定考试礼仪条约！"

最终，共创以下"考试礼仪条约"。

考前：

（1）准备好所有的考试用品，尽量不要临时在考场上借或者很慌张地准备。

（2）提前20分钟入考场，做到守时。开考15分钟后不得入场。

（3）在场外守候的时候不要高声喧哗，或者追逐打闹。

（4）进场时，注意轻言轻语，不要在考场大声喧哗，肆无忌惮。

（5）安安静静地等候监考老师的到来。板凳要轻拿轻放。

（6）与考试无关的物品不要带入考场，不携带各种通讯工具，如果确实想带进去，在考试前如实放在指定位置。

考中：

（1）进考场后，将准考证、身份证正面朝上，放在课桌的左上方，方便监考老师检查。

（2）现场听从监考老师的指令，认真填写好姓名、准考证号等内容。听从监考老师安排。

（3）监考老师发试卷的时候，轻轻地真诚地说一声："谢谢！"

（4）有什么事需要帮助或者有特殊要求时，举手示意监考老师，并注意礼貌，不要无理取闹。

（5）开考前5分钟，检查好试卷是否有缺页、漏印、字迹不清等问题，及时向监考老师礼貌地说明，要求更换试卷，开考后一律不能更换试卷和答题卡。

（6）认真答题，不要左顾右盼，诚信答题，不要交头接耳，不要有夹带纸条、旁窥、抄袭等有损诚信考试的不良行为。

（7）保持答题卡整洁、干净，避免折叠、破损等情况。

（8）考试进行了半个小时以上才能离场。

考后：

（1）考试结束信号发出后，立即停笔，不要再写。

（2）将答题卡和试卷从上到下按照答题卡、试卷、草稿纸的顺序平放在桌上，等监考老师发出指令，再安静地离场。

（3）不要将考场上发的资料带出考场，包括草稿纸。

（4）注意保持考场的卫生，自己制造的垃圾记得带走。

（5）记得带走自己的学习用具和准考证，不要丢三落四，制造不必要的麻烦。

（6）注意保护好公物，保护好自己的考试桌椅等，不要损坏在桌面上贴的考签等用品。

（7）考试后同样安安静静地离开考场，出考场后，不要在外面过于兴奋，忘乎所以。

四、巩固落实——自律档案齐跟踪

"考试礼仪条约"商量好以后，现在还需要孩子们真正地落实下去。我和孩子们共同制作了"考试礼仪自我评价档案跟踪表"，在孩子们考试完毕后填写。

表8　考试礼仪自我评价档案跟踪表

姓名	日期	科目	培训前	培训后	得分

　　孩子们经过培训后，有了明显改进，听监考老师说，孩子们懂得了进考场的规则，甚至有人与之前判若两人。

　　学生每次填写考试礼仪自我评价档案跟踪表，都是一次内心的反省，也是一次心灵的洗礼。

　　"身经百战"的孩子们，请慢慢把考试规则内化为自觉遵守的礼仪，我期待着！

54 考前培训新弹唱

——创意培训增强考试技能

很多孩子因准备不充分而导致考试失败，所以考前应给予孩子们心理调整、考试准备、考试技巧等方面的培训，落实到考前三天。

一、考前第三天——心理调整

考前三天，开启心理调整。先明确自己当前的状态。

类型一：平和型——复习已足够充分，心态平和。

类型二：焦虑型——顾虑考试，担心失败。

类型三：盲目乐观型——自以为复习好了。

类型四：自暴自弃型——平时付出不够，时间越近越觉得来不及了。

能清晰地认识自己，才能更好地走向成功。

考试焦虑是相对普遍的问题，表现如下：很想投入复习中，却一直很紧张；担心失败，注意力不集中。对此，大家可采用缓冲减压的方法。

（1）客观看待法。

适当的压力和焦虑有助于集中注意力，所以不要把注意力集中在情绪上，把重视结果的精力分散到准备过程中，把担心化为攻克弱点的动力，不懂就问老师。

（2）直面问题法。

不逃避，和自己内心的担忧对话。深入地问自己，剖析自己。我的担忧是什么？我现在担忧有必要吗？我这样担忧下去会有什么后果？找到正确的做法才能解决问题。

（3）放松肌肉法。

我们可以适当地做做肌肉放松操，先让自己全身的肌肉收缩5秒，一，二,三,四,五，集中注意力。接下来，缓缓放松肌肉10秒。反复6次，让自己放轻松。

（4）积极暗示法。

一个人处于积极状态，一切就会积极地运转，往往越担心的事越容易发生。所以不断给自己积极的暗示是很有必要的，"我认真复习了，还担心什么！""我平时那么努力，尽力了，无悔就够了！"……

（5）运动解压法。

做一些运动，可缓解压力。比如来一次全力以赴的奔跑，跑完了一切就烟消云散。

孩子们，考试考的是心态，相信自己准备好了，万事不难！

二、考前第二天——万事俱备，不欠东风

考前第二天，我们要做好充分的准备，做到万事俱备，不欠东风！

（1）确保考试用品不出意外。

准备好应试所需的一切文具，做到万无一失！避免因没准备好文具而影响考试心情。不要临时准备，也不要临时外借，避免影响答题效率。

（2）确保临场发挥不出意外。

如果担心自己会慌乱，那么备上巧克力。想提神，可备上茶水或清凉油，谨记适量使用！

（3）确保身体健康不出意外。

任何事都以健康为前提，注意室内外温差，避免受凉感冒。注意饮食，饮食要清淡，避免拉肚子等肠胃问题。

（4）确保情绪平和不出意外。

这段时间不要大悲大喜，不因小事而大发脾气，也避免狂欢，保持心态平和最为重要。心态从容，处之泰然、安之若素才是考前最好的状态。

（5）确保精神饱满不出意外。

充足的睡眠能够让自己精神饱满，这段时间不可熬夜，必须保证充足的睡眠，不让自己处于疲惫的状态中尤为重要。

凡事预则立，不预则废。做好充分的准备，才能让自己闲庭信步过考关！

三、考前第一天——临阵磨枪不快也光

考试中的发挥和技巧，在考试中占据重要的位置，考试也需战术。

（1）考前5分钟是关键。

拿到试卷后，考前5分钟要充分利用起来。用考试专用笔，填写好准考证号、姓名等关键信息。考卷上的相关说明至关重要，需认真阅读。然后快速浏览试卷，看看页数、题型。同时分配好考试时间，做到心中有数。开考铃声响起，就可开始答题。

（2）认真审题是关键。

考试审题，切勿受定势思维的影响，解读好题目的关键点。审题要慢要细，千万不能曲解。如果误读了题目，会导致前功尽弃，一分不得。弄清题目再答，方可事半功倍。

（3）分配时间是关键。

合理分配考试时间至关重要。尤其是平时速度较慢的同学，若因速度丢分是非常遗憾的。考前5分钟浏览试卷时，对各种题要做到心中有数，划分简单题、中档题、难题。同时保证简单题得满分，中档题多得分，难题能得分。有时放弃也是一种智慧，若遇到不会的题目时，暂时丢车保帅，为自己赢得解答其他题目的时间。

（4）头脑冷静是关键。

考试很多时候考的是心态。当遇到难题，或与自己复习的大相径庭时，千万要保持头脑清醒，心态平和。可做做深呼吸，心里一定要相信自己。可先避让，不要一根筋地做一道题，先做自己有感觉的题，这样心情会越来越好，考试绝不能输在心态上。

（5）做完检查是关键。

做完题后，空余时间来检查试卷。检查答案誊抄是否有错位现象，检查页数、题目是否有遗漏。时间若仍有空余，还可检查得更仔细，检查步骤、细节。当然检查过程中不要轻易更改答案，坚定地确认是错误的，再修改。

同学们，掌握了科学的考试技巧，才能决胜考场，超常发挥！

55 考试一针"强心剂"
——创意安慰预防考前紧张

考试在即，如何帮助大家发挥出最佳水平呢？我尝试营造轻松的氛围、树立乐观的心态。

这需要取得家长们的配合，和家长一起陪伴孩子度过考前的紧张期。我编制了"四个一"的短信，用鼓励的口吻号召家长们参与进来。

考试，比知识能力、赛心理信心、耗脑力体力。家长朋友们，为了您的孩子发挥出最佳实力，让我们做好四个一：

做一顿丰富的早餐，让孩子吃好。

添一添保暖的衣服，让孩子暖身。

查一查孩子的文具，让孩子踏实。

说一说鼓励的话语，让孩子自信。

家长朋友们，您还在犹豫什么，赶快行动吧！

一早到教室，就收到了孩子们的反馈。

"老师，我妈今天很温柔地叫我起床耶。"

"我爸爸叫我多穿点！"

"妈妈叫我尽力考，不管结果，尽自己最大的努力！"

听了这些，我抿着嘴偷偷地笑了。

一、黑板提示"2+3"——老办法渲染新气氛

天刚亮，我特意来到无人的教室，在黑板上写下"2+3组合"。

首先，是这样两句话：

考试好与坏，关键是心态！

考前多几分钟的准备，考试少几小时的麻烦！

前一句提醒孩子们要注意调整自己的心态。后一句警示考前浮躁、白白浪费时间的孩子，要珍惜考前复习，集中注意力，充分利用好考前复习。

同时，为让孩子们明确具体的做法，我又写上考试成功三"需"。

需沉稳：不喧哗，不浮躁，不焦虑。

需细心：要复习，要珍惜，要查漏。

需尽力：有方法，有实力，有收获。

并用彩色粉笔进行标示，增强视觉效果。

当孩子们走进教室时，看到黑板上的"2+3组合"后，自觉坐下来看书，一切尽在不言中。

二、自我暗示"六必治"——小提醒带来大效果

为了让孩子们进行有效的自我鼓励和积极的自我暗示，我编制了自我暗示"六必治"，写在黑板上，还有意用报纸遮盖住。

考前30分钟。我故意卖了个关子，做出神秘的样子，告诉孩子们："老师在考前送给大家'六必治'，据说考试中用了它，一般情况下都能成功！"我故意夸张道。孩子们好奇地睁大了眼睛。我右手一挥，揭开报纸：

考试前担忧：我尽力了，我无悔了。

考试前焦虑：考试知识，都是我复习了的。

考试中粗心：我仔细，就能成功。

考试中遇到障碍：我不会，别人也不会。

考试后不想检查：做完查查，错误必杀。

孩子们认真地看着，侧目，微笑，默叹……

三、积极动作"三把斧"——小姿态酝酿大热情

进考场前20分钟，我送给孩子们三把斧头："深呼吸""一拳头""大V小V"。

"孩子们站起来，跟着老师一起深呼吸！"在深呼吸中，孩子们稳定下情绪。

紧接着，我给大家分享了我小时候的故事："我小时候，爸爸最喜欢用顺口溜哄我开心。我爸爸没多少文化，但他给我说的这句顺口溜却让我记忆犹新！"

孩子们很是好奇。

"我不吃鹅蛋，我不变鹅，我不吃瓜子，我不剥壳！"我打着节奏说这几句话，越是紧张的时候，我们越需要用其他事来缓解孩子们的紧张情绪，孩子们会心地笑起来。

看着火候到了，我把提前写好的标语，用报纸遮盖住的部分掀开，上面赫然写着："我易题易，我不大意；我难题难，我不畏难。"并故意用节奏哼着说，激起了孩子们的热情。

我又带着孩子们右手握拳，举过头顶，做宣誓状，大声读起标语。随后，让孩子们一同比V形，有孩子食指和中指树立成V形，脸上伴有微笑，看得出大家已进入了状态。

"我们也可以做大V呀！"我有意引导着，"张开你们的双臂，把所有的力量都用在手指上，尽量伸直，大声说一句'耶耶'！"

孩子们都站起来，做出了大V形，考前的紧张在这伸展中也烟消云散了。

这时，我再出示宣誓语："我认真，有实力。我仔细，能攻克。我成功，我快乐！"孩子们不禁举起拳头，热烈响亮地读了起来，最后还来了个大大的V形！

看着孩子们兴奋的样子，我激动地问："孩子们，有没有信心？"

"有，耶！"回答响彻教室的上空，还伴随着一张张笑脸和大V与小V。

四、考后调整"一掀静"——热启动也需冷处理

一个科目考完后，孩子们兴奋地对着答案。激动或沮丧的心情会影响下个科目考试的心情，怎么办？我给孩子们来了个"一掀静"。

在孩子们回到教室前，我已写好了："不因顺利而得意洋洋，不因失利而垂头丧气。"同时写了句让他们瞬间降温的话："慌慌慌，都是浮躁遭的殃。错错错，都是松懈惹的祸。"

大家原本想热闹兴奋一番，一看黑板上的"一掀静"，咯噔一下，开始冷静下来。

此时，我关切地问："你们今天语文考得好吗？"有的点头，有的摇头！

"孩子们，这仅是我们考试科目的七分之一，不要因七分之一影响后面的七分之六哟！"孩子们醒悟过来，既而不住地点头。

"此时我们最重要的是要学会调整自己！"我语重心长地说。

"老师，我这次语文有个地方没复习到！"刘洪带着遗憾的语气说。

"你们知道自己语文这科没有复习完而留下了遗憾，接下来的科目，就争取不要有这样的遗憾呀！"

"老师，我时间差点不够！"

"那下一科就要学会控制时间！"孩子们的注意力慢慢转移到如何调整后面的科目了，刚刚还浮躁的心，已被我这一掀，风平浪静了呢！

56 考中激动清醒针

——创意疏导处理考间浮躁

考试已过去一天，还有一天才真正结束，最易兴奋也最为浮躁的时候来了。大部分孩子知道该继续复习，但总有孩子在座位上交头接耳，无所事事，个别目光呆滞，发呆良久。如何让他们快速沉静下来呢？

一、一个实验——10 分钟不能做任何事情

下堂考英语，在同学们背得热火朝天时，小费同学一会趴在桌上东看看，一会坐直了身子西瞅瞅，一副磨皮擦痒的样子，明显没有心思复习了。我需要让他明确知道，考试期间时间的宝贵。

我走到他面前，低沉着声音说："小费，你这儿有表吗？"

"老师，你拿表干什么呀？"他是个快言快语的孩子。

"我拿来让你看呀！你不是没事情干吗？老师正要给你找点事做！"我笑眯眯地说。

旁边的肖友涛故意跟着起哄，指出他身后有个大钟，好让他看得清楚些。

我将计就计，把放在图书柜上的大钟搬下来，一本正经地放在了小费的桌上，故作严肃地让他静坐 10 分钟，和着钟的走动，吸气吐气。小费看着我，不好意思再闹，配合着我，直直地坐着，目不转睛地看着钟，神情专注，用心一也。

过了一会儿，刚开始还很兴奋好奇的小费变得有些焦灼起来，又一副磨皮擦痒的样子。

"千万要坚持住，小费！"我故意打趣道。

小费看着时钟一分一秒地走过，仿佛这 10 分钟从来没有这么漫长过，时间快到时，他睁大了眼睛，惊呼："老师！到了！到了！"

我故作镇静，慢腾腾地说："别慌，还有 30 秒！"

小费失望的叹息声越来越响。

我则暗暗发笑。

时间到了。"怎么样，现在想干什么？"

"我从来没有这么无聊过，觉得这 10 分钟太漫长了。复习，复习，现在想做的就是复习！"

我微笑着说："恭喜你，耽搁了 10 分钟，但为你迎来了许多个 10 分钟！"我轻轻抚了抚他的头。小费不好意思地笑了，迅速进入到紧张背单词的行列中。

二、一个对比——辛苦一会和永远辛苦

其实，像小费一样浮躁的孩子不止一个，为帮助其他孩子也能够静下心来，我给孩子们讲了个故事："有个青年去拜访一个叫门采尔的画家，青年一直为一件事苦恼不已，他说：'我画一幅画只用一天的功夫，但是我却花了整整一年的时间把它卖掉！'门采尔笑着说：'这事你不妨倒过来试一试！用一年的时间画一幅画，那么只需一天的时间就能卖出去！'青年画家果然这样做，一年画成的画一天的时间就卖了出去！"我稍作停顿，"孩子们，我们花了整整一学期的时间，却只有这么一次期末考试呀！"教室里很安静。

"我们也可由此联想到我们的学习考试，此时玩耍了，轻松一会儿，但后面的考试可能因此前功尽弃。我们不妨倒过来，现在认认真真看书复习，或许以前没掌握的某种题型就掌握了；以前没记住的某个单词，此刻就记住了；以前没关注的内容，这时候就关注了。考试的时候，就豁然开朗了。所以，再坚持 1 小时，说不定后面会轻松很久；此时你浪费 1 小时，到时候花很长的时间来后悔！把握住复习最重要的冲刺时间，好吗？"孩子们听着觉得是那么一回事。

进而，大家投入到紧张的复习中……

三、一个选择题——投篮站线处

一次考试期间，我给孩子们出了道选择题："如果现在你是篮球运动员，只允许你投篮 6 次，你会站在哪儿投？ A. 站在篮筐下，B. 站在罚球线上，C. 站在三分线外。"

"老师，这有什么区别？"大家感到莫名其妙。

此时我变得严肃起来："如果站在篮筐下，打过篮球的同学都知道，基本上是百发百中。这就像我们现在认真复习的同学的状态！"我顿了顿，"如果你站在罚球线上，就像在复习，但不够投入的同学，可能有机会投进，但需技巧，也就是需要平时的积累，是不是有些冒险呀！"大家点点头。

"如果你现在不复习，全在那儿玩耍，这不就像个站在三分线外投球的人，全凭运气吗？"

"老师，站在三分线外，更需要技巧！"张雨涵抢着说道。

"对呀，这更需要你平时的学习积累了！"我顺势引导着，"所以，我们千万不能打没有准备的仗呀！"

有同学吐吐舌头，有同学不好意思地低下头，但是，大家都默默地拿起书，开始复习起来……

57 大考整理不乏术

——创意整理为中考助力

中考是初中阶段最为重要的考试，有孩子对此会显得不知所措或是手忙脚乱，也有孩子因复习资料过多而一时找不到资料，白白浪费了时间。因此，考前教授孩子们各项整理术很重要。

一、做一份物品清单——装备整理术

中考，有专设的考场，所以孩子们需要到外校考试。教孩子们拟定一份物品清单，是很有必要的。

当我问大家此次出去考试，要带什么时，孩子们尽显迷茫。

"老师，我们从没住读过，不知道怎么照顾自己！"听着孩子们的困惑，我颔首微笑："要是不知道带什么，仅凭自己的感觉是不行的，我们需把物品分类：一是生活类，二是学习类，三是紧急需要类。如果凭感觉临时备，万一忘带了必要的东西，会惹来不必要的麻烦，不如我们来列一份专属的清单吧！"

"那发纸张，清单走起！"刘子鸿嚷嚷着。

"我觉得，用自己重要的笔记本列好需要的物品清单不容易丢！"黎馨余有主见地说。

全班赞成，着手打造"物品清单"。如表9所示：

表9 中考备品清单

种类	用品检查重点	备注
生活类	毛巾、被子、枕头、席子	
	牙刷、杯子	
	水桶、水盆	
	三天穿的衣服、睡衣、拖鞋	
	洗衣用具等	
	卫生纸、生理用品、塑料袋、晒衣架等	
补充类	加餐零食等	
	备用药品（日常）	
	备用针线盒	
考试用具准备类	语文复习资料	
	数学复习资料	
	英语复习资料	
	物理复习资料	
	化学复习资料	
	历史复习资料	
	政治复习资料	
	2B铅笔、橡皮	
	足够的专用考试笔	
	数学作图工具等	

二、把时间可视化——放假时间整理术

中考前，孩子们需要休息两天，我担心孩子们会因过度休闲而出现身体

失衡、产生疲劳等问题。

看着孩子们热火朝天地收拾书包，我揶揄道："孩子们，这两天可别得了假期综合症哟！别因为放松而松弛下来，最后得不偿失！"

"不会不会！"孩子们边收拾边回答。

"老师当然不希望这样，注意保持平时的生活习惯，不然到时候，生物钟打乱，会让自己陷入混乱。"

"老师，我怕自己没自制力！"爱打游戏的贺奇扑闪着眼睛说。

我微笑着说："既要劳逸结合，也要对自己狠心，保证一定的学习状态！"

"一回家就忘了，松懈了怎么办？"熊港神情担忧地说。看来大家需要的是时间管理。

我直截了当道："如果大家担心自己的时间会出问题，就需要把时间进行可视化的管理，充分了解自己的时间利用率。大家可以记录下自己每个时间段是怎么利用的。"我在黑板上写下：A.重要，B.不重要，C.紧急，D.不紧急。

"大家把自己所做的事情分成这四类，这样你就知道自己的时间该放在重要紧急的事上，同时你就明白有些事情是不必做的。"大家恍然大悟。

"孩子们，还要注意对自己进行精力的管理，有些事情会耗费过多的精力，也有是恢复精力的，我们尽量做耗费精力少，同时能恢复精力的事。大家可别置若罔闻哟！"

"老师，放心吧！"孩子们做出"OK"状。

"那大家做个时间整理表，我相信有了它，你们的时间利用率一定会提高！"

周一返校，我问孩子们："有谁做时间表了吗？感觉怎样？"

"老师，我周六分析了自己的情况，发现浪费了很多时间，所以周日就注意调整了！""我也是！"做过表的孩子们，乐呵呵地交流起来了。

我继续深入："孩子们，其实，利用时间表，不但能学会管理自己的假期时间，还可以运用到你们的日常生活中。当你养成这样一个好习惯时，你会有更多的时间做重要的事情，还能做到劳逸结合！"

三、控制情绪——考前情绪整理术

面临大型考试，孩子们难免会焦虑。为使大家保持平和心态，冷静坦然地面对考试，放假前，我告诉孩子们："这两天千万别和父母产生冲突哟！"

"老师呀，我就烦妈妈唠叨！"曾云抱怨道。

"我妈也是，在家不断催促我，听着都烦死了，要吵架了！"熊强也不由自主地抱怨道。我耐心倾听，倾诉也是种释放压力的方式！

"孩子们，这段时间理解下父母的焦灼吧，他们也是望子成龙，希望你们好。换位思考一下，千万不要动气动怒，好吗？这是老师要说的第一点——不要和家里人生气。"我顿了顿。

"第二，以平和的心态看待中考的得失。中考的成败此时不重要，重要的是如何调整当下的心态，让自己能够轻装上阵，发挥到最佳状态。与其担忧，不如让自己坦然面对。"孩子们默默地点着头。

我接着告诉孩子们："第三，善于给自己减压。重新审视自己担忧的事情，换个角度看问题，事情的结果自然不同。大家可以用跑步、听音乐等让自己放松的方式转移注意力。第四，积极自我暗示，不断地告诉自己'我一定能考好''我会仔细的'，积极的暗示能让自己的心态阳光起来。"

"机会留给有准备的人，有了上述考前整理术，相信你们能抓住甚至创造机会，使自己成为中考的主宰，从而给你们的升学考试锦上添花！"

58 中考是个盛大的节日

——创意氛围让中考更具魅力

中考是孩子一生中经历的重要时刻之一，让孩子们穿上最喜欢的衣服参加中考，把中考打造成一个盛大的节日，给孩子们送上最贴心的祝福，最细致的呵护，最深刻的体验。让一切变得美好，让一切永驻心间。

一、开门红引来的惊呼

出行前，老师们穿上为中考定制的红色战衣，衣服正反面是千言万语浓缩成的两句话："你的成长，我很在意""和你在一起"。让孩子们看到后有眼前一亮、为之一振的效果。

把横幅"中考是个盛大的节日"拉上墙时，孩子们惊呼——"哇，过节了！""中考我来了！"每个孩子呐喊道。

随后，穿着红衣的老师们纷纷亮相，孩子们再次惊呼起来，分管领导介绍道："孩子们，你们看，上面写了什么？"

孩子们不由自主地读道："你的成长，我很在意！"

"对，你的成长，我很在意！中考是一个成长的契机！"我接过话来，"我们正式步入了人生的第一个关键时刻，也是见证我们实力的时刻。所以，今天老师们给大家一份开门红，开启我们中考的征程！"孩子们热烈鼓掌。

接着，每位班主任为孩子们送上寄语。当自己班主任发言时，惊呼声络绎不绝，班主任热情洋溢地送上自己的祝福语："孩子们，只要你们能成长，就够了！""尽力为之，顺其自然，孩子们，雄起！"欢呼声、掌声雷动。最为幽默的是，一位班主任拿着话筒，开口说："好好学习，天天向上！"孩子们狂笑，中考的氛围在老师们的寄语中，推向高潮。

一件红衣，让中考多了些许灿烂！

二、安慰卡带来的偎依

我一直担心孩子们中考会紧张，所以准备给每个孩子送一张温馨安慰卡。

为给孩子们制造惊喜和专属感，我悄悄把孩子们的登记照装扮在图景中，并逐一写上精心思考的中考温馨提示语，费尽周折，终于完工。

开考前一天，自习课上，我拿出安慰卡，依次送出祝福，希望能成为中考的一点点精神养分。

我亲切地来到高颖婷身边："颖婷，容易的题不要丢半分，难题不放弃努力，祝你成功！"孩子立刻站起来，恭恭敬敬地敬了个礼："谢谢老师！"坐下后立即和同桌有滋有味地赏析着卡片。

我走到李林身边："不留一点疏漏，不放弃任何希望！老师相信你能行！"我朝他竖起大拇指。孩子激动地说："老师，我会努力的！"

陈嘉拿着自己的安慰卡，兴奋地找我合影，把安慰卡上那个大大的自己自信地展现在镜头前。

"李杰，永远不要以粗心为借口原谅自己。考之前，细心点，抓住这次机会。"孩子重重地点点头，拿着安慰卡沉思着。

我想，也许在考试前，考试中，或考试后，大家会想起安慰卡上的祝福语。也许人生的某个时刻，会想起曾经有位老师还在考前给过自己安慰，也许……

一张卡片，让中考多了些许熨帖！

三、视频播放引发的深化

晚上，孩子们复习得有些兴奋。我早已预料到，提前备了份"镇静剂"——把孩子们刚组成新班时开展的活动做成视频，给每个孩子提前照了张笑脸照，配上中考自我祝福语，在视频里展示。

下课10分钟，一听说要看视频，孩子们兴奋地拍着巴掌，对着做视频的刘清同学喊道："刘清，刘清……"满是期待。

在《我的同学》的背景音乐下，视频里缓缓出现了孩子们组成新班后的第一次扑克活动，第一次逆袭活动……一切宛若昨天，欢乐的气氛渲染下，大家颇为激动。

我问大家有何感受。

"老师，当时班级虽然刚组合十几天，但发生了这么多欢乐的事，真觉得友谊地久天长！"黎馨余站起来深情地说。

大家都追忆起了美好时光，却忽略了自己的中考祝福语，发言完毕后还念念不忘地想再看一遍视频。

激动的我，也深情说道："相逢就是缘分，很庆幸我们共同走过许多难忘的日子。孩子们，在我们留恋友谊美好的同时，请不要忘记自己的目的是什么，又要走向哪里！你们刚才看的更多的是大家欢乐的场景，请大家关注一下自己给自己的寄语，是不是有些许启示呢？"孩子们若有所思地点点头。

第二遍播放时，我开始引导孩子们关注自己的寄语。

姜春燕一张笑靥如花的照片出现了，伴随着"理想并不是你想一想就成功的"，孩子神情变得凝重起来。

郭飞吐着舌头的图片出现了，这次没有人哄笑，大家都目不转睛地看着屏幕上的寄语："人生路，长漫漫，现已走在十字路口，无法逃避，只能硬着头皮，拿着破刀，以斗志昂扬的气势上战场。"这句寄语给了郭飞思考，也感了了同学们。孩子们的表情变得严肃起来。"我行，因为我相信我行"这句话和谢睿头像一起展现出来时，谢睿的眼睛亮晶晶的，整个教室变得安静起来。

结束后，我轻声问道："孩子们，还看吗？"李金龙低下头，说："老师，不用再看了，我知道该干什么了！"其他同学已拿出复习资料，安静地复习着。

重放视频，让中考多了些许冷静！

把中考打造成一个盛大的节日，让每个点滴熏陶着孩子们，感染着孩子们，让中考成为生命中绽放的美丽花朵，永远在孩子心中荡漾、珍藏、盛开！

59 火爆的中考总动员
——创意应急让中考从容不迫

临近中考，该如何处理孩子们消极暗示、睡不着觉等问题呢？

一、颜色心理大暗示，穿啥都吉祥

为鼓舞士气，我有意穿了件红色衣服，向孩子们暗示：今天定是开门红！

出乎意料的是，孩子们低头去看自己的衣服。正当我傻眼时，李金龙拍手大笑道："我穿的就是红色！太好了！"

刘清却唉声叹气地说自己穿了蓝色衣服，叨叨着开门难。

我灵机一动，说："哪里哟，蓝色衣服意味着'毫无阻拦'！"一听这话，刘清眉开眼笑。

接着，其他孩子也开始嚷嚷："那我穿的白色的呢？"

"百事顺利！"

"老师，还可以是'百事可乐'！"

"太棒了，这就是很吉利的暗示嘛！"穿白衣服的孩子顿时笑靥如花！

"那黑色呢？"

"出现黑马！"

"蒙都蒙对！"孩子们争着回答，穿黑衣服的孩子笑容灿烂。

"绿色呢？"我问。

"一路绿灯！""绿色好心情！"

"灰色呢？""黄色呢？"孩子们争先恐后地问道。

我抢着说："一路辉煌！"

有孩子穿了花颜色的衣服。

“你们说穿花颜色的是什么吉祥词呢？”孩子们顿时语塞，我转过身来，问：“郭婷婷，你自己觉得呢？”

郭婷婷歪着脑袋，想了想，说：“那我就预祝自己考得心花怒放吧！”我不禁默默地在心里赞叹，真为孩子们的灵动而拍案叫好！

“老师，那我的衣服既有蓝色，又有白色，怎么说呢？”贺奇噘着嘴问。

我拍着孩子的肩膀说：“哈哈，这更好，既毫无阻拦，又百事可乐！”孩子如释重负地坐下，继而，两眼笑成了豆芽状！

一段色彩积极暗示语，让整个教室充满欢乐！

二、喊着叫着的激励口号，说什么都疯狂

进考场前20分钟，我召集大家来了个口号大征集。

周敏边收拾桌子，边说：“题简单！题简单！题简单！”

“这个暗示好！周敏，快来写在黑板上！”她立刻喜滋滋地跑上讲台，写上这几个大字。

“考的全会，蒙都蒙对！”张恒争着说道。

“网络语言呢！”全班欢呼。

我做出邀请的姿势让张恒写在黑板上。

他便小心翼翼地一笔一画地写起来。

熊港站起来说：“德玛西亚！”

“啥？”我感觉自己没有听清楚。

旁边的同学齐声说：“老师，‘德玛西亚’！”

我蒙了。

“老师，这是现在游戏中最流行的口号，男主角为了提气，都会吼一声——德玛西亚！”

“哈哈，这个牛！”我不禁竖起大拇指，熊港已经迫不及待地写上这句牛气的口号。

肖友涛也兴冲冲地跑上来写上了“为了部落”几个大字。

“好好好，只要你们喜欢，我们用上。”我边说边赏析着孩子主动写上

的口号。

接着，我提议大家换着花样读口号，孩子们欢呼雀跃地直叫好。

"用温柔的语气读！"我眨着眼睛，故意露出诡秘的笑容。嘿，立刻响起一片整齐的读书声："题简单，考的全会，蒙都蒙对。"温声细语一片。"德玛西亚，为了部落！"最后两句立刻飙高。

"第二遍，用慷慨的语气读！"我故意挑着眉毛，有意为难孩子们。嘿嘿，声音整齐而雄壮，整个教室里澎湃着昂扬的激情。

"第三遍，用普通话来读！"

"第四遍，用四川话来读！"

每个字都充满了力量，呼呼作响！

总有那么一种力量会感染你，会震撼着每个人，鼓动着每个人，看着孩子们亮闪闪的眼眸，我深受感动，重重地挥笔在黑板上写下：我自信，我冷静，我仔细，我成功。

转过身时，我有些激动："孩子们，中考是人生的一个重要'节日'，你们要豪情万丈，也须谨慎小心，今天老师也送给大家一句口号，祝福大家中考一举成功！"

我指着黑板上的口号，说道："孩子们，用疑问的语气，每句后面加个'吗'字，读一读好吗？"

"我自信吗？我冷静吗？我仔细吗？我成功吗？"每个孩子的声音都渐渐平稳下来，激情还需冷静来浇灌，才能让激情变成行动！此时大家都在审视自己，思考自己。

"同学们，再用肯定的语气来吼一次吧！"

"我自信！我冷静！我仔细！我成功！"孩子们的声音又洪亮起来，是挣脱、冲破、撞开了的那么一股劲，这一声声口号，是对中考的万丈豪情。

三、哪怕一粒 VB2，都能治疗失眠

晚上查寝时，有孩子焦躁地坐起来："老师，我睡不着！可不可以吃点安眠药？"

不能吃安眠药，万一睡过了头。我想着，多半是心理原因导致的失眠。

我正思考着，记起这几天自己口腔溃疡，有瓶 VB2，灵机一动，计上心来，拿来瓶子，撕掉标签。

"孩子们，睡不着不用担心，我这儿准备了灵丹妙药——安神药。谁需要？但最多只能吃一颗！"借着走廊的光，我故意晃动手中的瓶子。

黑暗中，纷纷有孩子嚷着要。

我边安慰孩子，边拧开瓶盖，有孩子干脆把嘴伸过来，让我喂。

"老师，吃了有副作用吗？"

"不会不会，我打包票！"我肯定地说。现在最需要的就是给孩子足够的信心和安慰。

"老师，万一吃了明天睡过头了怎么办？"

"怎么会呢？这个有效期只有 5 小时！"我都惊叹自己这时候面不改色地说谎。

"老师，吃了会不会变傻？"

"傻孩子，怎么会呢？要是会变傻，老师敢给你吃吗？"我轻声抚慰着孩子们。

"老师，吃了会不会把记住的知识都忘记？"

"不会不会！现在的安神药都是天然维生素合成的，没有副作用的！"我居然天马行空乱侃了。

黑暗中，我在孩子们身旁穿行，直至一个个心满意足地躺下。

"孩子们，大家别出声，不出半小时，就能入眠！"我喃喃地说。"嗯嗯！"孩子们安静下来，半小时后，寝室里一片均匀的呼吸声……

第二天早上，孩子们一副精神抖擞的样子。

"老师，你的药太神了，大家都睡着了。"

"老师，我们寝室里有同学打起呼噜了呢！"

"那是当然了，神丹妙药嘛！"我笑逐颜开，心里窃喜不已！